Glöckchen, Trommel, Zaubergeige

Bestellnummer ED 9426
ISBN 3-7957-0446-4
Lektorat: Monika Heinrich
© 2001 Schott Musik International, Mainz
Printed in Germany · BSS 50586

Glöckchen, Trommel, Zaubergeige

Musikmärchen aus aller Welt

herausgegeben von Dorothée Kreusch-Jacob

mit Bildern von Renate Seelig

 SCHOTT

Mainz · London · Madrid · New York · Prag · Paris · Tokyo · Toronto

Inhaltsverzeichnis

Vorwort

Als ich noch ein Kind war, las meine Mutter mir regelmäßig aus einem Märchenbuch vor. Ganz genau erinnere ich mich dabei an ein bestimmtes Bild: Da flog ein Trommler mit seiner Trommel durch die Luft. Sicher habe ich damals das Grimmsche Märchen vom Trommler noch nicht ganz verstanden. Aber das Bild ist geblieben und mit ihm seine Botschaft – ein Traum, der mich lange begleitete: Musik erleben und spielen, fortfliegen mit meinem Instrument ins Land der Phantasie ...

Dieses Buch weiß viele Geschichten – und alle drehen sich um Musik. Da ist von Klängen und Tönen, von Instrumenten und Musikanten die Rede. Da geht es um Altes und Neues, Geheimnisvolles, Trauriges und Lustiges. Märchen und Sagen haben über Jahrhunderte hinweg etwas von den alten Wurzeln der Musik bewahrt. Mit ihrer Bildersprache versuchen sie, sich der geheimnisvollen Klangsprache der Musik zu nähern.

Musik kann man durch Hören, Spielen und Lernen näher kommen – aber auch, meine ich, durch Vorlesen oder Erzählen aus diesem Märchenbuch. Es will kleine und große Leser einladen zu einer Reise rund um die Welt, ins phantastische Reich der Töne und Klänge.

Dorothée Kreusch-Jacob

7

Wie die Musik auf die Erde kam

Ein Märchen aus Mexiko

Tezcatlipoca, Gott des Himmels und der vier Himmelsrichtungen, kam auf die Erde und war traurig. Von den äußersten Punkten der vier Himmelsrichtungen rief er: »Komme, o Wind! Komme, o Wind! Komme, o Wind! Komme, o Wind!«

Über die traurige Erde verteilt, hörte ihn der klagende Wind, erhob sich über alles Geschaffene, peitschte die Wasser des Ozeans und zauste die Bäume, bis er zu Füßen des Himmelsgottes Ruhe fand und seine Sorgen abschüttelte. Da sprach Tezcatlipoca: »Wind, die Erde ist des Schweigens überdrüssig. Sie hat Licht, Farben, Früchte, doch fehlt ihr die Musik. Aller Kreatur soll Musik geschenkt werden: dem erwachenden Tag, dem träumenden Mann, der wartenden Mutter, dem fließenden Wasser und dem Vogel in der Luft. Alles Leben soll die Musik erfüllen. Eile durch die grenzenlose Trauer zum hohen Haus der Sonne. Umgeben sitzt dort Vater Sonne von Musikanten, die süße Töne ihren Flöten entlocken und mit glühendem Gesang das Licht ausstreuen. – Eile, bringe die besten Musikanten und Sänger zur Erde!«

Der Wind durcheilte die schweigende Erde, durchmaß sie mit der Kraft seines treibenden Atems, bis er das Dach des Himmels erreichte, wo alle Melodien im Licht wohnten. Vierfarbig waren die Musikanten gekleidet: in Weiß die Sänger der Wiegenlieder, in Rot, die Liebe und Krieg besangen, in Blau die Troubadoure, in Gelb die Flötenspieler, die Gefallen fanden am Golde, das die Sonne von den Gipfeln der Welt holte. Keine dunkel gekleideten Musikanten gab es und glücklich waren sie alle, ihr Blick nach vorne gerichtet.

Als die Sonne den Wind entdeckte, warnte sie ihre Musikanten: »Da kommt der lästige Erdenwind. Stellt die Musik ein! Hört auf zu singen, gebt keine Antwort! Wer nicht gehorcht, muss ihm auf die schweigende Erde folgen.«

Auf den Lichtstufen des Sonnenhauses rief der Wind mit lauter Stimme: »Musikanten, Sänger, der höchste Gott ruft euch!« – Doch die Musikanten blieben stumm und tanzten im gleißenden Licht der Sonne.

Da ergrimmte der Windgott. Aus der Ferne trieb er schwarze Wolken mit seiner blitzenden Peitsche heran, das Haus der Sonne zu bestürmen. Donner ließ er grollen. Alles verkehrte sich und die rote Sonne schien zu ertrinken. – Angstvoll suchten Musikanten und Sänger nun Schutz beim Windgott. Sanft, damit er die zarten Melodien nicht verletzte, nahm der Wind sie mit zur Erde. Unten erhob die Erde ihr Antlitz zum Himmel und lächelte.

Als die Musikanten sich über die Erde verstreuten und das Glück einkehrte, da vergaß der Wind seine Klagen und sang, Täler, Wälder und Seen liebkosend. So kam die Musik auf die Erde. So lernte alles zu singen: der erwachende Tag, der träumende Mann, die wartende Mutter, das fließende Wasser und der Vogel der Luft. – Seit damals ist das Leben voll Musik.

Märchen von der Stimme

Seit uralten Zeiten tragen Menschen und Tiere ein »Instrument« mit sich herum – ihre eigene Stimme. Jeder kann darauf spielen, wann und wo und was er will. Wunderschöne, aber auch seltsame und lustige Töne lassen sich auf diesem Instrument hervorlocken. Wir Menschen können sprechen, flüstern, murmeln, hauchen, singen. Wir können summen wie eine Hummel, trillern wie ein Vogel und brummen wie ein Bär.

Die Melodien, die die Tiere auf ihrem »Instrument« spielen, sind manchmal so schön, dass sie – zumindest im Märchen vom Finkenlied – sogar gestohlen werden. Und wenn gleichzeitig der Esel schreit, der Hahn kräht, die Katze miaut und der Hund bellt und sie so im Chor auf ihrem »Instrument Stimme« spielen, mag sogar einem Räuber Hören und Sehen vergehen ...

Die Entstehung der Welt

Ein Märchen aus Japan,
neu erzählt von Dorothée Kreusch-Jacob

Weißt du, wie die Welt entstand? – Wohl jedes Kind, jeder Mensch möchte dies gerne wissen. Oft sind es Märchen, Sagen und Legenden, die uns eine Antwort geben. Das folgende Märchen aus Japan versucht sie auf eine besonders schöne Weise zu finden.

Am Anfang lag alles in großer Finsternis und die Welt war wüst und leer. Nirgends war eine Spur von Leben zu finden. Denn Amaterasu, die Göttin der Sonne, strahlte noch nicht vom Himmel. Sie wohnte tief in der Erde in einer dunklen Höhle. – Am Schöpfungstag ergriff Gott einen riesengroße Bogen und sechs Saiten und verband sie so miteinander, dass eine Harfe entstand. Diese Himmelsharfe war das erste Instrument der Schöpfung. Ihm entlockte er wunderbare Klänge und Töne. Sie waren so schön, dass sie die Nymphe Ameno-Uzume anzogen. Bezaubert von den Melodien begann sie zu singen und zu tanzen.

Das hörte in ihrer Höhle die Sonnengöttin Amaterasu. Sie konnte Ameno-Uzumes Lied nur ganz leise und von Ferne hören, aber gerade diese leisen Töne weckten ihre Neugier und so schaute sie vorsichtig aus ihrer Behausung. Jetzt konnte sie Ameno-Uzume sogar tanzen sehen! – Je mehr sich die Sonnengöttin aus der Höhle schob, desto heller und wärmer wurde es auf der Erde. Und während sie dem Gesang lauschte und dem Tanz zusah, erstrahlte alles um sie herum im Licht.

Die Pflanzen begannen zu wachsen: Moos, Gras, bunte Blumen und Bäume. Fische fühlten sich im Wasser wohl, Vögel flogen durch die milde Luft und auch die Menschen wurden auf diese lichtdurchflutete Erde gelockt.

Die Götter hatten ihren Gefallen an dieser Welt und sie entschlossen sich, Gesang, Musik und Tanz zu pflegen, damit Amaterasu, die Sonnengöttin, nie mehr in ihre dunkle Höhle zurückkehre. Sie sollte auch in Zukunft am Himmel thronen und die Welt mit Licht und Leben erfüllen.

Das Finkenlied im Rabennest

Ein Märchen aus Sibirien

Es war einmal ein Finkennest, in dem saßen drei junge Finken und tschilpten und sangen. Immer, wenn die Finkenmutter mit Futter geflogen kam, sperrten die Finklein ihre Schnäbel auf und schluckten und dann sangen sie weiter ihr Finkenlied:

> »Liebe Sonne, schein,
> wärm uns die Federlein
> und leuchte, dass die Mutter find'
> was Guts für jedes Finkenkind!
> Raupen, Mücken, Fliegen
> wollen wir gerne kriegen!
> Lalali, lalala,
> schau, die Mutter ist schon da!«

Sie sangen so laut, dass es bis zum Rabennest im Rabenbaum klang. Der Rabe hörte das Finkenlied und kam geflogen. Er sagte zu den drei Vogelkindern: »So ein schönes Lied! Bitte noch einmal!« Die Vogelkinder sperrten die Schnäblein auf und sangen:

> »Liebe Sonne, schein ...«

Da schnappte der Rabe mit seinem großen Schnabel zu und erwischte das Lied, riss es den Kleinen von den Schnäblein weg und flog damit in sein Rabennest. Kaum war er dort, fing er an zu singen:

> »Liebe Sonne, schein,
> wärm mir mein Rabenbein!
> Ach, liebe Sonne, leuchte doch
> die Maus aus ihrem Mauseloch!
> Liebe Sonne, schein,
> denn Mäuse schmecken fein.«

Als die Finkenmutter zu ihrem Nest zurückkam, sah sie, wie ihre drei kleinen Finken weinten. »Was ist denn geschehen?«, fragte die Finkenmutter. »Der Rabe hat unser schönes Lied weggeschnappt und hat ein Rabenlied daraus gemacht«, weinten die Finkenkinder. »Wo ist er denn hingeflogen?«, fragte die Finkenmutter. »Zum Rabennest! Zum Rabennest! Zum Rabennest!«, piepsten die Finkenjungen. »Weint nicht«, sagte die Finkenmutter. »Ich werde mit dem Jäger reden, der wird uns schon helfen!«

Sie flog zum Jägerhaus und guckte hinein. »Was willst du denn von mir, Finkenmutter?«, fragte der Jäger. »Lieber Jäger, du musst uns helfen! Der Rabe hat meinen Kindern ihr Lied vom Schnabel wegstibitzt und ein Rabenlied daraus gemacht«, sagte die Finkenmutter. »Das werden wir gleich haben«, antwortete der Jäger.

Er nahm sein Gewehr und wanderte zum Rabennest und die Finkenmutter flog mit ihm. Schon von weitem hörten sie den Raben in seinem Rabennest singen. Der Jäger hob das Gewehr und er schoss genau und geschickt so dicht an dem Rabenschnabel vorbei, dass der Rabe vor Schreck den Schnabel aufriss und das Lied fallen ließ. Die Finkenmutter aber erwischte das Lied, bevor es zu Boden fiel, und flog damit zu ihren Kindern zurück. Seither kann der Rabe nur »krah-krah« singen. Ob ihm jemand beim Dichten hilft? – Vielleicht einer von euch?

Das Lied der Eulen

Ein Märchen aus dem Baltikum

Einst herrschte im Wald großer Lärm. Alle Vögel ließen ihre Stimmen vernehmen, wie es ihnen gerade in den Sinn kam. Jeder versuchte jeden nachzuahmen und einer wollte dabei den anderen noch übertrumpfen. Die Nachtigall kreischte, die Elster schluchzte, der Adler rief »djüb, djüb« und die Krähe flötete in den schrillsten Tönen. Kurzum, es ging alles drunter und drüber.

Wer damals durch den Wald gehen musste, war wirklich zu bedauern. Wenn er sich nicht rechtzeitig die Mütze über die Ohren zog, konnte es geschehen, dass er von dem Lärm, den die Vögel veranstalteten, schon nach ein paar Schritten taub wurde.

Eines Tages dachte der Bär ernsthaft über diesen Zustand nach. Er war damals der Herr im Wald und kam kaum mehr zum Schlafen. Also nahm er sich vor, endlich Ordnung in den Gesang der Vögel zu bringen. Und man kennt ja den Bären! Was der sich einmal in seinen dicken Kopf gesetzt hat, das führt er auch aus.

Er rief alle Vögel auf der großen Lichtung zusammen, ließ sich auf einem Fass, das er zuvor herbeigerollt hatte, nieder und sprach: »Ich will mich kurz fassen. Im Wald muss von jetzt an Ordnung herrschen! Ihr könnt nicht alle durcheinander pfeifen, kreischen und flöten, wie es euch gerade einfällt. Ich habe ein Fass voller ordentlicher Vogellieder besorgt. Wählt euch nun jeder ein Lied nach eurem Geschmack aus. Aber merkt euch: Das Lied, das ihr heute wählt, werdet ihr für alle Zeiten singen – dieses und kein anderes.«

Die Vögel hatten den zottigen Herrn sehr gut verstanden. Hatte er ihnen doch alles deutlich genug erklärt. Also umringten sie alle das Fass – und der Bär zog den Spund aus dem Boden. Da sprudelten die Vogellieder, eins nach dem anderen, hervor. Die Vögel wählten unter ihnen je nach ihren Schnäbeln, der Farbe ihrer Federn oder auch nur nach Belieben. Dabei wurde ein wenig geschwatzt und gezwitschert, aber nur ganz leise, denn keiner wollte den Herrn des Waldes gegen sich aufbringen.

Zu Mittag besaß jeder Vogel sein eigenes Lied, nur die Eulen hatten sich noch nicht auf der Lichtung blicken lassen. Aber das überraschte niemanden, denn es war bekannt, dass die Eulen den Tag meistens verschlafen und erst am Abend mit sich reden lassen.

So war es auch diesmal. Als die Eulen am Abend erfuhren, dass von nun an jeder Vogel sein eigenes Lied besäße, flogen sie schnell auf die Lichtung. Aber sie kamen zu spät, das Fass war leer. Die anderen Vögel hatten alle Lieder unter sich aufgeteilt und so war für die verschlafenen Eulen kein einziges mehr übrig geblieben.

Da waren die Tagschläfer traurig und wussten sich keinen Rat. Schließlich kam aber der ältesten und weisesten Eule ein Gedanke. »Es bleibt uns nichts anderes, als zu den Menschen zu fliegen. Die singen von morgens bis abends, denn sie besitzen unzählige Lieder. Vielleicht überlassen sie uns eins.«

Die anderen Eulen waren mit dem Vorschlag einverstanden und so flogen sie alle zusammen in ein Dorf. Dort brannte, obwohl es schon Morgen war, noch Licht in einem Haus. Darin hatte man tags zuvor Hochzeit gehalten. Und wie das gelegentlich bei so einer Feierlichkeit zugeht – ein paar Gäste hatten sich zu viel vom Guten genommen. Nun lagen sie mit leeren Köpfen und vollen Bäuchen da und schnarchten, dass sich die Balken bogen. Nur einer der Spielleute wachte von Zeit zu Zeit auf und strich verschlafen über die einzige Saite, die ihm bei der Hochzeitsfeier an seinem Bass verblieben war. Und von der Bass-Saite kam jedes Mal derselbe tiefe Ton – ein trauriges »Hu-hu-hu«.

»Dies ist das einzige Lied, das die Menschen uns überlassen wollen«, sagte die weise Eule. »Es ist zwar nicht besonders schön, aber es lässt sich leicht lernen!« Die anderen Eulen stimmten dem lebhaft zu. Aber insgeheim dachten sie: ›Was bleibt uns denn sonst übrig?‹ Und dabei sangen sie: »Hu-hu-hu«! So haben die Eulen ihr Lied bekommen, das sie bis heute missmutig singen.

Das singende Meerweibchen

Ein Märchen aus den Niederlanden

Es war einmal eine Fischersfrau, die wohnte mit ihrem einzigen Töchterchen in einem kleinen Haus am Meeresstrand. Das Kind war von der See wie verzaubert. Es spielte nirgends lieber als im gelben Sand, wo die Ebbe tausende von Muscheln, Meerhörner und fremde Pflanzen zurückließ. Es hopste dort fröhlich im Wasser und sprang mit beiden Füßen gleichzeitig über die kleinen Wellen, die aus der Ferne anrollten.

Die Fischersfrau, die aber nicht vergessen konnte, wie ihr das Meer vor Jahren ihren Mann genommen hatte, sah dies alles mit Widerwillen und Angst an. Sie fürchtete, dass das große Wasser ihr auch noch ihren einzigen, letzten Schatz entreißen würde. »Kind«, bat und flehte sie beinahe jeden Morgen, »geh doch nicht weiter als bis zur Düne. Das Meer ist tückisch. Es hat deinen Vater verschlungen! Bleib doch weg von dem trügerischen Wasser!«

Sie hatte jedoch nicht die Zeit, um fortwährend ein wachsames Auge auf ihr Kind zu haben, und so geschah es, dass sie es an einem Mittag vergeblich zurückerwartete. Sie suchte das Töchterchen überall. Sie lief – Meilen und Meilen weit – die Dünen entlang. Sie befragte die Fischer, denen sie begegnete ... Aber alles war vergebliche Mühe.

Als es nun Abend wurde und die Sonne hinter dem großen Wasser unterging, kehrte die Frau, das Herz voll Verzweiflung, wieder zu ihrer Hütte zurück. Da vernahm sie plötzlich aus den Wellen, die nun ganz hoch, fast bis zum Rand der Düne aufschlugen, einen wunderbaren Gesang. Sie blieb stehen und sah ein Meerweibchen mit langen, offenen Haaren voll Wasserblumen, wie sie die Frau noch nie gesehen hatte. Das Meerweibchen stieg bis über die Hüften aus dem Wasser empor und sang:

> »Ein Dach aus Wasser, ein Palast aus Kristall,
> da spielen meine Liebchen all.
> Fischer, wirf mir deine Tönnchen aus heute.
> Der Walfisch kommt und sucht nach Beute.«

Als die Witwe das hörte und verstand, was das Meerweibchen von seinem Palast und seinen Liebchen sagte, kam ihr die Idee, dass auch ihr Kind sich wohl unter den Liebchen befinden könne. Da fiel sie auf die Knie und flehte das Meerweibchen an, ihr zu sagen, ob es vielleicht irgendwo ein kleines Mädchen gesehen habe, das alle Tage im Sand spielte.

»Natürlich weiß ich, wo das Mädchen ist«, antwortete das Meerweibchen. »Es lebt so gesund wie ein Fischchen auf dem Grund des tiefen Wassers in meinem Kristallpalast und es vergnügt sich allerliebst mit all meinen anderen Lieblingen.«

Als nun die Mutter noch lauter weinte und es flehentlich bat, ihr doch ihren einzigen Schatz zurückzugeben, da sagte das Meerweibchen, dass es wohl Mitleid mit ihrem Schmerz fühle, dass aber alles menschliche Leben, das das Meer einmal aufgenommen habe, nie und nimmer, solange es lebe, an die Erde zurückgegeben werden dürfe.

Das Einzige, was es für die arme Mutter tun könne, das sei, ihr zu erlauben, in sein Wasserschloss herunterzusinken und dort ihr Töchterchen einmal zu sehen.

»Aber«, fragte es, »hast du den Mut, mir über das unermessliche, tanzende Meer hundert Stunden weit nach Westen hin zu folgen und dann mit mir niederzutauchen, wo das Meer am tiefsten ist, hundert Stunden tief unter die Oberfläche der Wellen?« – »Ja, das wage ich«, antwortete die Frau, »ich bin bereit, Euch zu folgen.«

Da näherte sich das Weibchen bis an den Rand der Düne, ließ die Witwe sich auf seine Fischflosse setzen und schob sich dann schneller als das schnellste Schiff auf der Wasserfläche fort. Das ganze unabsehbare Meer lag schon in der Dunkelheit der Nacht, als sie noch immer nach Westen dahineilten.

Endlich sahen sie aus der Tiefe des Meeres ein leuchtendes Licht erstrahlen. »Hier ist es«, sagte das Meerweibchen. »Hole nun mit aller Kraft Atem und schöpfe Mut. Nun tauchen wir.« Das Tauchen ging viel schneller, als die Seereise gedauert hatte, und so befanden sie sich in wenigen Augenblicken in dem wunderbarsten Palast, von dem je ein Mensch hätte träumen können. Es war genauso, wie das Weibchen gesungen hatte: Das Dach war aus Wasser, das Gebäude aus Kristall. Und es strahlte, Stunden um Stunden weit, ein himmlisches goldenes Licht aus, das alles erleuchtete.

Die arme Mutter hatte jedoch keine Augen für all die Pracht und den Prunk. Sie schaute nach allen Seiten umher, in der Hoffnung ihr so zärtlich geliebtes Töchterchen irgendwo zu entdecken. Aber nein, es war keine Menschenseele zu sehen. Da brachte das Meerweibchen sie in einen großen Saal mit silbernem Fußboden und führte sie vor eine prächtige Glastür, durch die sie eine ganze Schar Kinder, Mädchen und Jungen, fröhlich springen und spielen sah.

Zuschauen durfte die Mutter so viel und so lange sie wollte, aber hineinzugehen war ihr verboten. Anfangs konnte sie ihr Kind nicht vor die Augen bekommen. Nachdem sie die Kinder andächtig betrachtet hatte, entdeckte sie es endlich mitten in einer Gruppe lachender Mädchen. Seine Wangen waren so rot wie ein Winterapfel und es hatte nicht weniger Spaß als seine Spielgefährten.

Nun war die Witwe wieder überglücklich. Sie bat das Meerweibchen, in seinem Schloss bleiben zu dürfen, da sie dann in der Nähe ihres Töchterchens sei, und das wurde ihr erlaubt. Fortan konnte sie alle Tage durch die Glastür schauen, so viel sie Lust hatte – und nie konnten ihre Augen genug davon bekommen.

Doch jeden Tag fiel die Mutter vor dem Meerweibchen auf die Knie und bat und flehte es an, mit ihrem Kind nach Hause zurückkehren zu dürfen, aber das Meerweibchen lehnte es immer und immer wieder ab. Schließlich wurde jedoch durch das ständige flehentliche Bitten der Mutter sein Herz gerührt und es sagte: »Ich werde dir das Kind zurückgeben, aber erst habe ich ein Anliegen an dich!« – »Oh, bittet um was Ihr wollt«, sagte die Mutter, »alles, was mir möglich ist, werde ich gerne tun.« – »Ihr sollt mir einen Mantel aus Eurem eigenen Haar weben«, sagte das Meerweibchen. »Hier ist ein Töpfchen mit Fett, das bewirkt, dass Euer Haar wieder rasch und kräftig nachwachsen wird.«

Die Mutter fing sofort an, zu arbeiten und zu weben, Tag und Nacht, ohne einen einzigen Augenblick zu verlieren, und es glückte ihr endlich, einen halben Mantel fertig zu stellen. Mehr konnte sie nicht, denn ihr letztes Haar war vom Kopf abgeschnitten. Nun flehte sie das Meerweibchen an, sich doch mit dem halben Mantel zufrieden zu geben, aber es nützte nichts: Es blieb bei seinem Beschluss und forderte einen ganzen Mantel.

Ganz verzweifelt ging sie zurück auf ihr Zimmer und wartete, dass ihr Haar aufs Neue lang würde. Abends und morgens rieb sie es mit dem Fett ein. Endlich, nach Jahren und Jahren des Wartens und Webens, wurde der wunderbare Mantel fertig. Das Meerweibchen war über das Werk höchst befriedigt und gab die Tochter, die inzwischen zu einem großen Mädchen herangewachsen war, der Mutter zurück. Es ließ eine prächtige Kutsche kommen, spannte zwei andere Meerweiber davor und führte die Mutter mit ihrem Kind über das große Wasser nach Hause zurück. Noch lange hörten die beiden von Ferne den Gesang des Meerweibchens:

>   »Ein Dach aus Wasser, ein Palast aus Kristall,
>   da spielen meine Liebchen all.«

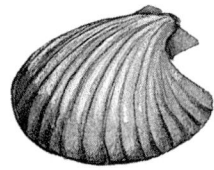

Die Bremer Stadtmusikanten

Ein Märchen der Brüder Grimm

Es hatte ein Mann einen Esel, der schon lange Jahre die Säcke unverdrossen zur Mühle getragen hatte, dessen Kräfte aber nun zu Ende gingen, sodass er zur Arbeit immer untauglicher ward. Da dachte der Herr daran, ihn aus dem Futter zu schaffen. Aber der Esel merkte, dass kein guter Wind wehte, lief fort und machte sich auf den Weg nach Bremen: Dort meinte er, könnte er ja Stadtmusikant werden.

Als er ein Weilchen fortgegangen war, fand er einen Jagdhund auf dem Wege liegen, der jappte wie einer, der sich müde gelaufen hat. »Nun, was japst du so, Packan?«, fragte der Esel. »Ach«, sagte der Hund, »weil ich alt bin und jeden Tag schwächer werde, auch auf der Jagd nicht mehr fort kann, hat mich mein Herr wollen totschlagen, da hab ich Reißaus genommen. Aber womit soll ich nun mein Brot verdienen?« – »Weißt du was«, sprach der Esel, »ich gehe nach Bremen und werde dort Stadtmusikant. Geh mit und lass dich auch bei der Musik annehmen. Ich spiele die Laute und du schlägst die Pauken.« Der Hund war's zufrieden und sie gingen weiter.

Es dauerte nicht lange, so saß da eine Katze auf dem Weg und machte ein Gesicht wie drei Tage Regenwetter. »Nun, was ist dir in die Quere gekommen, alter Bartputzer?«, sprach der Esel. »Wer kann da lustig sein, wenn's einem an den Kragen geht«, antwortete die Katze. »Weil ich nun zu Jahren komme, meine Zähne stumpf werden und ich lieber hinter dem Ofen sitze und spinne, als nach Mäusen herumjage, hat mich meine Frau ersäufen wollen. Ich habe mich zwar noch fortgemacht, aber nun ist guter Rat teuer: Wo soll ich hin?« – »Geh mit uns nach Bremen. Du verstehst dich doch auf die Nachtmusik, da kannst du Stadtmusikant werden.« Die Katze hielt das für gut und ging mit.

Darauf kamen die drei Landesflüchtigen an einem Hof vorbei, da saß auf dem Tor der Haushahn und schrie aus Leibeskräften. »Du schreist einem durch Mark und Bein«, sprach der Esel, »was hast du vor?« – »Da hab ich gut Wetter prophezeit«, sprach der Hahn, »weil unserer lieben Frauen Tag ist, wo sie dem Christkindlein die Hemdchen gewaschen hat und sie trocknen will. Aber weil morgen zum Sonntag Gäste kommen, so

hat die Hausfrau doch kein Erbarmen und hat der Köchin gesagt, sie wollte mich morgen in der Suppe essen und da soll ich mir heut Abend den Kopf abschneiden lassen. Nun schrei ich aus vollem Hals, solange ich noch kann.« – »Ei was, du Rotkopf«, sagte der Esel, »zieh lieber mit uns fort, wir gehen nach Bremen. Etwas Besseres als den Tod findest du überall. Du hast eine gute Stimme und wenn wir zusammen musizieren, so muss es eine Art haben.« Der Hahn ließ sich den Vorschlag gefallen und sie gingen alle viere zusammen fort.

Sie konnten aber die Stadt Bremen in einem Tag nicht erreichen und kamen abends in einen Wald, wo sie übernachten wollten. Der Esel und der Hund legten sich unter einen großen Baum, die Katze und der Hahn machten sich in die Äste. Der Hahn flog bis in die Spitze, wo es am sichersten für ihn war. Ehe er einschlief, sah er sich noch einmal nach allen vier Winden um. Da deuchte ihn, er sähe in der Ferne ein Fünkchen brennen und rief seinen Gesellen zu, es müsste nicht gar weit ein Haus sein, denn es scheine ein Licht. Da sprach der Esel: »So müssen wir uns aufmachen und noch hingehen, denn hier ist die Herberge schlecht.« Der Hund meinte, ein paar Knochen und etwas Fleisch dran täten ihm auch gut. Also machten sie sich auf den Weg nach der Gegend, wo das Licht war. Sie sahen es bald heller schimmern und es ward immer größer, bis sie vor ein hell erleuchtetes Räuberhaus kamen.

Der Esel, als der größte, näherte sich dem Fenster und schaute hinein. »Was siehst du, Grauschimmel?«, fragte der Hahn. »Was ich sehe?«, antwortete der Esel, »einen gedeckten Tisch mit schönem Essen und Trinken und Räuber sitzen daran und lassen's sich wohl sein.« – »Das wäre was für uns«, sprach der Hahn. »Ja, ja, ach, wären wir da!«, sagte der Esel.

Da ratschlagten die Tiere, wie sie es anfangen müssten, um die Räuber hinauszujagen und fanden endlich ein Mittel. Der Esel musste sich mit den Vorderfüßen auf das Fenster stellen, der Hund auf des Esels Rücken springen, die Katze auf den Hund klettern und endlich flog der Hahn hinauf und setzte sich der Katze auf den Kopf. Wie das geschehen war, fingen sie auf ein Zeichen insgesamt an, ihre Musik zu machen: Der Esel schrie, der Hund bellte, die Katze miaute und der Hahn krähte. Dann stürzten sie durch das Fenster in die Stube hinein, dass die Scheiben klirrten. Die Räuber fuhren bei dem entsetzlichen Schrei in die Höhe, meinten nichts andres, als ein Gespenst käme herein, und flohen in größter Furcht in den Wald hinaus. Nun setzten sich die vier Gesellen an den Tisch, nahmen mit dem vorlieb, was übrig geblieben war und aßen, als wenn sie vier Wochen hungern sollten.

Wie die vier Spielleute fertig waren, löschten sie das Licht aus und suchten sich eine Schlafstätte, jeder nach seiner Natur und Bequemlichkeit. Der Esel legte sich auf den Mist, der Hund hinter die Tür, die Katze auf den Herd bei der warmen Asche und der Hahn setzte sich auf den Hahnenbalken. Und weil sie müde waren von ihrem langen Weg, schliefen sie auch bald ein.

Als Mitternacht vorbei war und die Räuber von weitem sahen, dass kein Licht mehr im Haus brannte und auch alles ruhig schien, sprach der Hauptmann: »Wir hätten uns doch nicht sollen ins Bockshorn jagen lassen« und hieß einen hingehn und das Haus untersuchen. Der Abgeschickte fand alles still, ging in die Küche, ein Licht anzuzünden, und weil er die glühenden, feurigen Augen der Katze für lebendige Kohlen ansah, hielt er ein Schwefelhölzchen daran, dass es Feuer fangen sollte. Aber die Katze verstand keinen Spaß, sprang ihm ins Gesicht, spie und kratzte. Da erschrak er gewaltig, lief und wollte zur Hintertür hinaus. Aber der Hund, der da lag, sprang auf und biss ihn ins Bein. Und als er über den Hof an dem Miste vorbeirannte, gab ihm der Esel noch einen tüchtigen Schlag mit dem Hinterfuß. Der Hahn aber, der vom Lärmen aus dem Schlaf geweckt und munter geworden war, rief vom Balken herab: »Kikeriki!«

Da lief der Räuber, was er konnte, zu seinem Hauptmann zurück und sprach: »Ach, in dem Haus sitzt eine greuliche Hexe, die hat mich angehaucht und mit ihren langen Fingern mir das Gesicht zerkratzt. Und vor der Tür steht ein Mann mit einem Messer, der hat mich ins Bein gestochen. Und auf dem Hof liegt ein schwarzes Ungetüm, das hat mit einer Holzkeule auf mich losgeschlagen. Und oben auf dem Dache, da sitzt der Richter, der rief: ›Bringt mir den Schelm her.‹ Da machte ich, dass ich fortkam.« Von nun an getrauten sich die Räuber nicht weiter in das Haus. Den vier Bremer Musikanten gefiel's aber so wohl darin, dass sie nicht wieder heraus wollten. – Und der das zuletzt erzählt hat, dem ist der Mund noch warm.

Das verlorene Lied

Ein Märchen aus Deutschland

Es war einmal ein armer Hirtenbub, der hütete das Vieh hoch oben im Gebirge. Seine Eltern waren schon lange tot. Er hatte nur noch eine Stiefmutter und die war böse. Sie war schlecht gegen den Hirtenbub und er wäre schon lange davongelaufen, wenn er sich nicht so sehr vor ihr gefürchtet hätte. Denn sie konnte hexen – und wenn jemand hexen kann, so ist das nicht angenehm für die anderen Leute und man muss sich sehr in Acht nehmen. Darum blieb der Bub lieber, aber er war sehr unglücklich. Wenn er so allein im Mittagssonnenlicht auf der grünen Wiese lag und die bunten Kühe um ihn herumstanden und recht langweilig aussahen, dann dachte er oft daran, ob es wohl einmal besser werden würde. Doch die Kühe blieben stehen und sahen langweilig aus und die Wolken zogen unter ihm vorbei, denn es war hoch oben auf den Bergen. Die Sonne ging zur Ruhe und es blieb alles, wie es war.

Eines Tages aber, als der Hirtenbub ganz besonders traurig war, wurde er müde und schlief ein. Wie er so lag und schlief, da sah er plötzlich eine wunderschöne Fee vor sich, die hielt eine Laute aus Rosenholz in den Händen und feine silberne Saiten waren daraufgespannt. Das war gar seltsam anzuschauen. Die Fee griff in die Saiten der Rosenlaute und sang dazu:

> »Ich kenne ein Lied von holdem Klang,
> das zieht die ganze Erde entlang.
> Und ist nichts so lieb und heilig und hold
> in der Tiefe und oben im Sternengold
> wie das Lied von dem, wenn zwei sich frein
> und wollen einander das Liebste sein.
> Da ist nichts so lieb und heilig und hold
> in der Tiefe und oben im Sternengold.«

Wie das Lied zu Ende war, lächelte die Fee, nickte dem Hirtenbub zu und legte ihm die Laute von Rosenholz in den Schoß. Der Bub aber wusste gar nicht, wie ihm geschah, und als er erwachte, meinte er zuerst, das Ganze wäre wohl nur ein Traum gewesen. Doch die Laute von Rosenholz lag wirklich und wahrhaftig in seinem Schoß und wie er sie in die Hand nahm und in die Saiten griff, da erklangen wunderbare Weisen und immer neue Lieder fielen ihm ein. Aber so wie das Lied der Fee waren sie alle nicht und er konnte und konnte sich nicht darauf besinnen, so sehr er sich auch mühte und nachdachte.

Da fasste ihn mit einem Male eine so unsagbare Sehnsucht nach jenem Lied, dass er alles vergaß – die Kühe, die so langweilig aussahen, und die Stiefmutter, die hexen konnte – und er ging auf und davon, um die seltsame Weise wiederzufinden. Von der Tiefe war drin die Rede gewesen und vom Sternengold – und dort wollte er suchen, dachte er bei sich. Denn das andere hatte er vergessen oder nicht verstanden.

So ging er immer weiter und weiter und wollte in die Tiefe kommen, aber er wusste nicht wie. So kam er schließlich an einen großen See, der ganz vereinsamt im Walde lag. Nur am Ufer hüpften lauter grüne Frösche herum und quakten. Der Hirtenbub meinte, die Frösche müssten wohl am besten in der Tiefe Bescheid wissen und so trat er auf einen Frosch zu, grüßte höflich und fragte: »Ach bitte, kannst du mir nicht sagen, wie man in die Tiefe kommt?« – »Ja, das ist für dich wohl nicht so leicht«, sagte der Frosch und schluckte eine Fliege herunter, »warum willst du überhaupt nach unten? Bleibe doch lieber oben.«

»Mir hat eine Fee ein Lied gesungen auf dieser Laute von Rosenholz«, sagte der Hirtenbub, »aber ich kann mich nicht mehr auf das Lied besinnen und nun will ich es suchen.« – »Das ist ja schlimm«, meinte der Frosch gedankenvoll, »war es vielleicht so ähnlich, wie wir singen?« – »Nein, es war ganz anders«, sagte der Bub. – »Dann wird es wohl auch nichts Besonderes gewesen sein«, sagte der Frosch hochmütig und blies sich dabei auf, sodass er ganz dick wurde. »Aber ich will dir den Gefallen tun und mal den Froschkönig fragen, ob er dich empfängt. Dann kannst du selbst mit ihm darüber sprechen.«

Ehe der Hirtenbub sich noch besinnen konnte, war der Frosch ins Wasser gehüpft, dass es nur so platschte – und fort war er. Es dauerte eine ganze Weile, dann kam er wieder, machte eine Verbeugung und sagte: »Majestät lassen bitten.«

Da tat sich das Wasser auf und trat zur Seite, sodass der Hirt mitten hindurchgehen konnte, bis tief auf den Grund des Sees zum Palast des Froschkönigs.

Der Froschkönig war ganz besonders grün und hatte ein kleines goldenes Krönlein auf und saß, die Beine übereinander geschlagen, auf einem Wasserrosenblatt. Neben ihm saßen viele alte, dicke Frösche, die alle sehr würdig aussahen, und um ihn herum schwammen kleine Nixen und warfen ihm Kusshändchen zu. Dann lächelte der Froschkönig immer und das sah sehr eigentümlich aus, weil er doch einen so großen Mund hatte.

Der Hirtenbub aber verneigte sich tief vor seiner feuchten Majestät und sagte: »Guten Tag. Ich suche ein Lied, das mir eine Fee gespielt hat auf dieser Laute von Rosenholz. Aber ich kann mich nicht mehr darauf besinnen, wie es war. Es ist auch nicht so, wie die Frösche singen.«

Da fing der Froschkönig an zu denken und mit ihm alle die alten dicken Frösche, die neben ihm saßen. Endlich sagte er: »Wenn es nicht so ist, wie die Frösche singen, dann kann es nur so sein, wie die Nixen singen.«

Dabei winkte er mit der grünen königlichen Hand den Nixen, die um ihn herumschwammen und ihm Kusshändchen zuwarfen. Die Nixlein fingen an zu singen und der Froschkönig schlug mit den feuchten Füßen den Takt dazu und es war sehr schön. Aber als es zu Ende war, sagte der Hirtenbub: »Ich danke dir sehr, es war sehr schön, aber es war doch nicht so wie das Lied, das mir die Fee gesungen.«

»Dann tut es mir von Herzen Leid«, sagte der Froschkönig, »aber dann kann ich dir wirklich nicht helfen.« Er reichte dem Hirten die nasse Hand zum Abschied. Er war sehr gerührt und höflich und ließ ihn wieder hinauf an das Ufer des Sees geleiten.

Der Bub aber dachte: ›Wenn es nicht in der Tiefe ist, so muss es wohl in der Höhe sein, oben im Sternengold.‹ So ging er hoch hinauf auf einen Berg, wo die Wolken an ihm vorbeizogen, und als eine Wolke gerade recht nahe und bequem vorbeikam, da sagte er: »Ach bitte, nimm mich doch mit!« – »Steige nur auf meinen Rücken«, sagte die Wolke, »aber beeile dich, denn ich habe keine Zeit und muss zum Wolkenkönig.«

Der Hirtenbub sprang auf den Rücken der Wolke und im Nu ging es fort durch die weite Luft über Meere und Länder. Ehe er sich's versah, war er am Schloss des Wolkenkönigs angekommen. Der Wolkenkönig stand auf der Treppe und bestimmte gerade, wo es heute regnen sollte.

»Ja, wer ist denn das?«, fragte er erstaunt, als er den Hirtenbub sah, »du willst wohl Sternputzer werden?« – »Nein, Sternputzer möchte ich nicht werden«, sagte der Hirt, »aber mir hat eine Fee ein Lied gespielt auf einer Laute von Rosenholz. Das Lied habe ich vergessen und ich wollte fragen, ob es nicht vielleicht hier oben zu finden wäre.«

»So, so«, sagte der Wolkenkönig, »ich werde mal nachsehen.« Und er holte ein großes Buch hervor, worin alle Lieder standen, die die kleinen Sternlein singen, wenn sie nachts am Himmel spazieren gehen. Aber es war nichts darunter, was so gewesen wäre wie das Lied der Fee auf der Laute von Rosenholz.

Da wurde der Hirtenbub sehr traurig und ging wieder auf die Erde zurück auf einer Treppe, die ihm der Wolkenkönig gezeigt hatte. Als er wieder auf der Erde war, zog er umher in allen Landen und sang den Leuten seine Lieder und spielte dazu auf seiner Laute. Die Leute waren froh und wollten immer und immer wieder die wunderbaren Weisen hören. Sie baten ihn, doch für immer bei ihnen zu bleiben und boten ihm Geld und Gut und hohe Ehren.

Er aber hatte nirgends Ruhe und dachte, er würde das verlorene Lied nun nie und nimmer wiederfinden. So wanderte er jahrein, jahraus. Endlich kam er vor ein herrliches Königsschloss, in dem lebte eine wunderschöne junge Königin, die hatte etwas vergessen. Und da sie selbst nicht wusste, was sie eigentlich vergessen hatte, so konnte ihr auch niemand helfen, sich darauf zu besinnen, und es war große Trauer in den Königshallen und im ganzen Lande.

Der Hirtenbub aber fragte, ob er vor der traurigen jungen Königin seine Lieder singen dürfe. Es wurde ihm erlaubt und er wurde in den Königssaal geführt, wo die Königin auf dem Throne saß. Die Minister standen um sie herum in goldstrotzenden herrlichen Kleidern und hatten große Taschentücher in der Hand, weil sie so viel weinen mussten. Denn mehr als weinen konnten sie nicht, weil die Königin ja selbst nicht wusste, was sie vergessen hatte.

Wie der Hirt aber die Königin sah, da ward ihm ganz wunderbar zumute und er hatte sie von ganzem Herzen lieb. Als er nun vor ihr singen sollte, da fiel ihm mit einem Mal das Lied ein, das ihm die Fee gesungen, und es war ihm, als könne er gar kein anderes mehr singen. So nahm er die Laute von Rosenholz zur Hand, griff in die feinen silbernen Saiten und sang dazu:

>»Ich kenne ein Lied von holdem Klang,
> das zieht die ganze Erde entlang.
> Und ist nichts so lieb und heilig und hold
> in der Tiefe und oben im Sternengold
> wie das Lied von dem, wenn zwei sich frein
> und wollen einander das Liebste sein.
> Da ist nichts so lieb und heilig und hold
> in der Tiefe und oben im Sternengold!«

Als er das Lied gesungen hatte, da stieg die Königin von ihrem Thron herunter und hatte ganz und gar vergessen, dass sie etwas vergessen hatte. Sie trat auf den Hirtenbub zu und küsste ihn und fragte: »Ich habe dich lieb und will deine Frau sein.« Da jubelte alles und freute sich. Die Minister steckten die Taschentücher wieder ein und es wurde eine herrliche Hochzeit hergerichtet.

Wie es aber gerade losgehen sollte mit den Hochzeitsfeierlichkeiten, da meldete der Oberhofmeister drei große Frösche, die vom Froschkönig zum Gratulieren geschickt waren. Sie wurden hereingebeten und gratulierten und waren sehr grün und hießen: Herr Schlupferich, Herr Hupferich und Herr Tupferich. Der Wolkenkönig aber hatte ein kleines Sternchen geschickt, das knickste und leuchtete und gratulierte dazu.

Es war eine ganz herrliche Hochzeit. Es wurde gegessen, getrunken und getanzt und Herr Schlupferich, Herr Hupferich und Herr Tupferich tanzten auch mit und benahmen sich sehr manierlich, so wie sich das für feine und vornehme Frösche geziemt. Etwas nasse Füße hatten sie freilich, aber das schadete nichts.

So war alles sehr schön, nur das kleine Sternlein war unvorsichtig und hatte sich, um besser sehen zu können, dem Minister für außerordentliche Angelegenheiten auf den Kopf gesetzt, sodass hochdero Perücke zu brennen anfing. Aber das Feuer wurde bald gelöscht, wie das bei einem Minister für außerordentliche Angelegenheiten gar nicht anders zu erwarten ist, und das Sternlein wurde ermahnt, daran zu denken, dass doch nicht jeder Kopf solch ein Feuer erträgt.

Als die ganze Hochzeit zu Ende war und der junge König und die junge Königin allein waren, da küssten sie sich auf den Mund und sangen das verlorene Lied dazu, das einst die Fee gespielt hatte auf der Laute von Rosenholz.

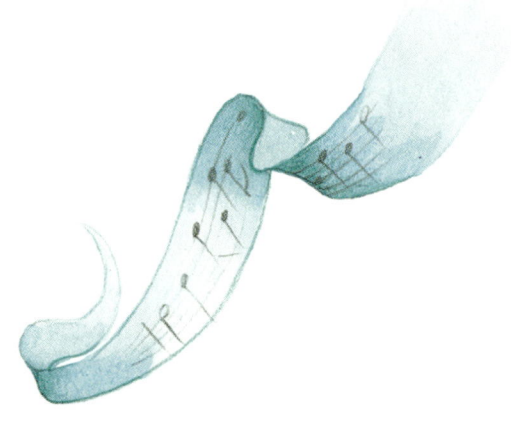

Märchen von der Trommel

Wer heute die Trommel im Orchester, in einer Musikkapelle oder Jazzband hört, ahnt kaum etwas von ihrer langen und geheimnisvollen Geschichte.

Die Sprache der Trommel ist der Rhythmus. Bis heute verständigen sich viele Naturvölker durch die »Trommelsprache«. Von Ohr zu Ohr werden kurze Mitteilungen so über lange Strecken weitergegeben.

Zauberkräfte werden der Trommel von Medizinmännern und Schamanen nachgesagt. Ihr Klang soll böse Geister vertreiben, gute Geister herbeirufen und Unglück abwehren.

Alte Lieder und Geschichten erzählen, dass Trommeln auch eine wichtige Bedeutung im Krieg hatten. Dort zogen nämlich Trommelspieler den Soldaten voraus. Deshalb lässt sich im Märchen sogar der mächtige Riese vom kleinen Trommler Angst einjagen.

Auch als rhythmisches Begleitinstrument zu Gesang und Tanz spielt die Trommel eine große Rolle. Das war früher so und ist bis heute so geblieben – rund um den Erdball.

Der Trommler

Ein Märchen der Brüder Grimm

Eines Abends ging ein junger Trommler ganz allein auf dem Feld und kam an einen See. Da sah er an dem Ufer drei Stückchen weiße Leinewand liegen. »Was für feines Leinen«, sprach er und steckte eins davon in die Tasche. Er ging heim, dachte aber nicht weiter an seinen Fund und legte sich zu Bett.

Als er eben einschlafen wollte, war es ihm, als nenne jemand seinen Namen. Er horchte und vernahm eine leise Stimme, die ihm zurief: »Trommler, Trommler, wach auf!« Er konnte, da es finstere Nacht war, niemand sehen, aber es kam ihm vor, als schwebte eine Gestalt vor seinem Bett auf und ab. »Was willst du?«, fragte er. »Gib mir mein Hemdchen zurück«, antwortete die Stimme, »das du mir gestern Abend am See weggenommen hast.« – »Du sollst es wiederhaben«, sprach der Trommler, »wenn du mir sagst, wer du bist.« – »Ach«, erwiderte die Stimme, »ich bin die Tochter eines mächtigen Königs, aber ich bin in die Gewalt einer Hexe geraten und bin auf den Glasberg gebannt. Jeden Tag muss ich mit meinen zwei Schwestern im See baden, aber ohne mein Hemdchen kann ich nicht wieder fortfliegen. Meine Schwestern haben sich fortgemacht, ich aber habe zurückbleiben müssen. Ich bitte dich, gib mir mein Hemdchen wieder.«

»Sei ruhig, armes Kind«, sprach der Trommler, »ich will's dir gerne zurückgeben.« Er holte es aus seiner Tasche und reichte es ihr in der Dunkelheit hin. Sie erfasste es hastig und wollte damit fort. »Weile einen Augenblick«, sagte er, »vielleicht kann ich dir helfen.« – »Helfen kannst du mir nur, wenn du auf den Glasberg steigst und mich aus der Gewalt der Hexe befreist. Aber zu dem Glasberg kommst du nicht und wenn du auch ganz nahe daran wärst, so kommst du nicht hinauf.« – »Was ich will, das kann ich«, sagte der Trommler. »Ich habe Mitleid mit dir und ich fürchte mich vor nichts. Aber ich weiß den Weg nicht, der nach dem Glasberge führt.« – »Der Weg geht durch den großen Wald, in dem die Menschenfresser hausen«, antwortete sie. »Mehr darf ich dir nicht sagen.« Darauf hörte er, wie sie fortschwirrte.

Bei Anbruch des Tages machte sich der Trommler auf, hing seine Trommel um und ging ohne Furcht geradezu in den Wald hinein. Als er

ein Weilchen gegangen war und keinen Riesen erblickte, so dachte er: ›Ich muss die Langschläfer aufwecken‹, hing die Trommel vor und schlug einen Wirbel, dass die Vögel aus den Bäumen mit Geschrei aufflogen.

Nicht lange, so erhob sich auch ein Riese in die Höhe, der im Gras gelegen und geschlafen hatte und so groß war wie eine Tanne. »Du Wicht«, rief er ihm zu, »was trommelst du hier und weckst mich aus dem besten Schlaf?« – »Ich trommle«, antwortete er, »weil viele Tausende hinter mir herkommen, damit sie den Weg wissen.« – »Was wollen die hier in meinem Wald?«, fragte der Riese. »Sie wollen dir den Garaus machen und den Wald von einem Ungetüm, wie du bist, säubern.« – »Oho«, sagte der Riese, »ich trete euch wie Ameisen tot.« – »Meinst du, du könntest gegen sie etwas ausrichten?«, sprach der Trommler. »Wenn du dich bückst, um einen zu packen, so springt er fort und versteckt sich. Wie du dich aber niederlegst und schläfst, so kommen sie aus allen Gebüschen herbei und kriechen an dir hinauf. Jeder hat einen Hammer von Stahl am Gürtel stecken, damit schlagen sie dir den Schädel ein.«

Der Riese ward verdrießlich und dachte: ›Wenn ich mich mit dem listigen Volk befasse, so könnte es doch zu meinem Schaden ausschlagen. Wölfen und Bären drücke ich die Gurgel zusammen, aber vor den Erdwürmern kann ich mich nicht schützen.‹ – »Hör, kleiner Kerl«, sprach er, »zieh wieder ab. Ich verspreche dir, dass ich dich und deine Gesellen in Zukunft in Ruhe lassen will, und hast du noch einen Wunsch, so sag's mir, ich will dir wohl etwas zu Gefallen tun.« – »Du hast lange Beine«, sprach der Trommler, »und du kannst schneller laufen als ich. Trag mich zum Glasberge, so will ich den Meinigen ein Zeichen zum Rückzug geben und sie sollen dich diesmal in Ruhe lassen.« – »Komm her, Wurm«, sprach der Riese, »setz dich auf meine Schulter. Ich will dich tragen, wohin du verlangst.«

Der Riese hob ihn hinauf und der Trommler fing oben an, nach Herzenslust auf der Trommel zu wirbeln. Der Riese dachte: ›Das wird das Zeichen sein, dass das andere Volk zurückgehen soll.‹ Nach einer Weile stand ein zweiter Riese am Weg, der nahm den Trommler dem ersten ab und steckte ihn in sein Knopfloch. Der Trommler fasste den Knopf, der wie eine Schüssel groß war, hielt sich daran und schaute ganz lustig umher. Dann kamen sie zu einem dritten, der nahm ihn aus dem Knopfloch und setzte ihn auf den Rand seines Hutes. Da ging der Trommler oben auf und ab und sah über die Bäume hinaus und als er in blauer Ferne einen Berg erblickte, so dachte er: ›Das ist gewiss der Glasberg‹ – und er war es auch. Der Riese tat nur noch ein paar Schritte, so waren sie an dem Fuß des Berges angelangt, wo ihn der Riese absetzte. Der Trommler verlangte, er solle ihn auch auf die Spitze des Glasberges tragen, aber der Riese schüttelte mit dem Kopf, brummte etwas in den Bart und ging in den Wald zurück.

Nun stand der arme Trommler vor dem Berg, der so hoch war, als wenn drei Berge aufeinander gesetzt wären und dabei so glatt wie ein Spiegel, und wusste keinen Rat, um hinaufzukommen. Er fing an zu klettern, aber vergeblich, er rutschte immer wieder herab. ›Wer jetzt ein Vogel wäre‹, dachte er, aber was half das Wünschen, es wuchsen ihm keine Flügel. Indem er so stand und sich nicht zu helfen wusste, erblickte er nicht weit von sich zwei Männer, die heftig miteinander stritten. Er ging auf sie zu und sah, dass sie wegen eines Sattels uneins waren, der vor ihnen auf der Erde lag und den jeder von ihnen haben wollte.

»Was seid ihr für Narren«, sprach er, »zankt euch um einen Sattel und habt kein Pferd dazu.« – »Der Sattel ist wert, dass man darum streitet«, antwortete der eine von den Männern. »Wer darauf sitzt und wünscht sich irgendwohin, und wär's ans Ende der Welt, der ist im Augenblick angelangt, wie er den Wunsch ausgesprochen hat. Der Sattel gehört uns gemeinschaftlich. Die Reihe, darauf zu reiten, ist an mir, aber der andere will es nicht zulassen.«

»Den Streit will ich bald austragen«, sagte der Trommler, ging eine Strecke weit und steckte einen weißen Stab in die Erde. Dann kam er zurück und sprach: »Jetzt lauft nach dem Ziel. Wer zuerst dort ist, der reitet zuerst.« Beide setzten sich in Trab, aber kaum waren sie ein paar Schritte weg, so schwang sich der Trommler auf den Sattel, wünschte sich auf den Glasberg und ehe man die Hand umdrehte, war er dort.

Auf dem Berg oben war eine Ebene, da stand ein altes steinernes Haus und vor dem Haus lag ein großer Fischteich, dahinter aber ein finsterer Wald! Menschen und Tiere sah er nicht, es war alles still, nur ein Wind raschelte in den Bäumen und die Wolken zogen ganz nah über seinem Haupt weg. Er trat an die Tür und klopfte an. Als er zum dritten Male geklopft hatte, öffnete eine Alte mit braunem Gesicht und roten Augen die Tür. Sie hatte eine Brille auf ihrer langen Nase und sah ihn scharf an, dann fragte sie, was sein Begehren wäre. »Einlass, Kost und Nachtlager«, antwortete der Trommler. »Das sollst du haben«, sagte die Alte, »wenn du dafür drei Arbeiten verrichten willst.« – »Warum nicht?«, antwortete er. »Ich scheue keine Arbeit und wenn sie noch so schwer ist.« Die Alte ließ ihn ein, gab ihm Essen und abends ein Bett.

Am Morgen, als er ausgeschlafen hatte, nahm die Alte einen Fingerhut von ihrem dürren Finger, reichte ihn dem Trommler hin und sagte: »Jetzt geh an die Arbeit und schöpfe den Teich draußen mit diesem Fingerhut aus. Aber ehe es Nacht wird, musst du fertig sein und alle Fische, die in dem Wasser sind, müssen nach ihrer Art und Größe ausgesucht und nebeneinander gelegt sein.« – »Das ist eine seltsame Arbeit«, sagte der Trommler, ging aber zu dem Teich und fing an zu schöpfen. Er schöpfte den ganzen Morgen, aber was kann man mit einem Fingerhut bei einem großen Wasser ausrichten und wenn man tausend Jahre schöpft? Als es Mittag war, dachte er: ›Es ist alles umsonst und ist einerlei, ob ich arbeite oder nicht‹, hielt ein und setzte sich nieder. Da kam ein Mädchen mit Essen hin und sprach: »Du sitzest da so traurig, was fehlt dir?« Er blickte es an und sah, dass es wunderschön war. »Ach«, sagte er, »ich kann die erste Arbeit nicht vollbringen, wie wird es mit den andern werden? Ich bin ausgegangen, eine Königstochter zu suchen, die hier wohnen soll, aber ich habe sie nicht gefunden. Ich will weitergehen.«

»Bleib hier«, sagte das Mädchen, »ich will dir aus deiner Not helfen. Du bist müde, lege deinen Kopf in meinen Schoß und schlaf. Wenn du wieder aufwachst, so ist die Arbeit getan.« Der Trommler ließ sich das nicht zweimal sagen. Sobald ihm die Augen zufielen, drehte sie einen Wunschring und sprach: »Wasser herauf, Fische heraus.« Alsbald stieg das Wasser wie ein weißer Nebel in die Höhe und zog mit den andern Wolken fort und die Fische schnalzten, sprangen ans Ufer und legten sich nebeneinander, jeder nach seiner Größe und Art. Als der Trommler erwachte, sah er mit Erstaunen, dass alles vollbracht war. Aber das Mädchen sprach: »Einer von den Fischen liegt nicht bei seinesgleichen, sondern ganz allein. Wenn die Alte heute Abend kommt und sieht, dass alles geschehen ist, was sie verlangt hat, so wird sie fragen: ›Was soll dieser Fisch allein?‹ Dann wirf ihr den Fisch ins Angesicht und sprich: ›Der soll für dich sein, alte Hexe.‹«

Abends kam die Alte und als sie die Frage getan hatte, so warf er ihr den Fisch ins Gesicht. Sie stellte sich, als merkte sie es nicht und schwieg still, aber sie blickte ihn mit boshaften Augen an.

Am nächsten Morgen sprach sie: »Gestern hast du es zu leicht gehabt, ich muss dir schwerere Arbeit geben. Heute musst du den ganzen Wald umhauen, das Holz in Scheite spalten und in Klaftern legen und am Abend muss alles fertig sein.« Sie gab ihm eine Axt, einen Schläger und zwei Keile. Aber die Axt war aus Blei, der Schläger und die Keile waren von Blech. Als er anfing zu hauen, so legte sich die Axt um und Schläger und Keile drückten sich zusammen. Er wusste sich nicht zu helfen, aber mittags kam das Mädchen wieder mit dem Essen und tröstete ihn. »Lege deinen Kopf in meinen Schoß«, sagte sie, »und schlaf. Wenn du aufwachst, so ist die Arbeit getan.« Sie drehte ihren Wunschring, in dem Augenblick sank der ganze Wald mit Krachen zusammen, das Holz spaltete sich von selbst und legte sich in Klaftern zusammen. Es war, als ob unsichtbare Riesen die Arbeit vollbrächten. Als er erwachte, sagte das Mädchen: »Siehst du, das Holz ist geklaftert und gelegt. Nur ein einziger Ast ist übrig, aber wenn die Alte heute Abend kommt und fragt, was der Ast solle, so gib ihr damit einen Schlag und sprich: ›Der soll für dich sein, du Hexe.‹« Die Alte kam. »Siehst du«, sprach sie, »wie leicht die Arbeit war, aber für wen liegt der Ast noch da?« – »Für dich, du Hexe«, antwortete er und gab ihr einen Schlag damit. Aber sie tat, als fühlte sie es nicht, lachte höhnisch und sprach: »Morgen früh sollst du alles Holz auf einen Haufen legen, es anzünden und verbrennen.«

Er stand mit Anbruch des Tages auf und fing an, das Holz herbeizuholen. Aber wie kann ein einziger Mensch einen ganzen Wald zusammentragen? Die Arbeit rückte nicht fort. Doch das Mädchen verließ ihn nicht in der Not. Es brachte ihm mittags seine Speise und als er gegessen hatte, legte er seinen Kopf in ihren Schoß und schlief ein. Bei seinem Erwachen brannte der ganze Holzstoß in einer ungeheuren Flamme, die ihre Zungen bis in den Himmel ausstreckte. »Hör mich an«, sprach das Mädchen, »wenn die Hexe kommt, wird sie dir allerlei auftragen. Tust du ohne Furcht, was sie verlangt, so kann sie dir nichts anhaben. Fürchtest du dich aber, so packt dich das Feuer und verzehrt dich. Zuletzt, wenn du alles getan hast, so packe sie mit beiden Händen und wirf sie mitten in die Glut.«

Das Mädchen ging fort und die Alte kam herangeschlichen. »Hu! Mich friert«, sagte sie, »aber das ist ein Feuer, das brennt, das wärmt mir die alten Knochen, da wird mir wohl. Aber dort liegt ein Klotz, der will nicht brennen, den hol mir heraus. Hast du das noch getan, so bist du frei und kannst ziehen, wohin du willst. Nur munter hinein.« Der Trommler besann sich nicht lange, sprang mitten in die Flammen, aber sie taten ihm nichts, nicht einmal die Haare konnten sie ihm versengen. Er trug den Klotz heraus und legte ihn hin. Kaum aber hatte das Holz die Erde berührt, so verwandelte es sich und das schöne Mädchen stand vor ihm, das ihm in der Not geholfen hatte, und an den seidenen, goldglänzenden Kleidern, die es anhatte, merkte er wohl, dass es die Königstochter war. Aber die Alte lachte giftig und sprach: »Du meinst, du hättest sie, aber du hast sie noch nicht.« Eben wollte sie auf das Mädchen losgehen und es fortziehen, da packte er die Alte mit beiden Händen, hob sie in die Höhe und warf sie den Flammen in den Rachen, die über ihr zusammenschlugen, als freuten sie sich, dass sie eine Hexe verzehren sollten.

Die Königstochter blickte darauf den Trommler an und als sie sah, dass es ein schöner Jüngling war, und bedachte, dass er sein Leben daran gesetzt hatte, um sie zu erlösen, so reichte sie ihm die Hand und sprach: »Du hast alles für mich gewagt, aber ich will auch für dich alles tun. Versprichst du mir deine Treue, so sollst du mein Gemahl werden. An Reichtümern fehlt es uns nicht, wir haben genug an dem, was die Hexe hier zusammengetragen hat.« Sie führte ihn in das Haus, da standen Kisten und Kasten, die mit ihren Schätzen angefüllt waren. Sie ließen Gold und Silber liegen und nahmen nur die Edelsteine. Sie wollte nicht länger auf dem Glasberg bleiben, da sprach er zu ihr: »Setze dich zu mir auf meinen Sattel, so fliegen wir hinab wie Vögel.«

»Der alte Sattel gefällt mir nicht«, sagte sie, »ich brauche nur an meinem Wunschring zu drehen, so sind wir zu Haus.« – »Wohlan«, antwortete der Trommler, »so wünsch uns vor das Stadttor.« Im Nu waren sie dort, der Trommler aber sprach: »Ich will erst zu meinen Eltern gehen und ihnen Nachricht geben. Harre mein hier auf dem Feld, ich will bald zurück sein.« – »Ach«, sagte die Königstochter, »ich bitte dich, nimm dich in Acht. Küsse deine Eltern bei deiner Ankunft nicht auf die rechte Wange, denn sonst wirst du alles vergessen und ich bleibe hier allein und verlassen auf dem Felde zurück.« – »Wie kann ich dich vergessen?«, sagte er und versprach ihr in die Hand, recht bald wiederzukommen.

Als er in sein väterliches Haus trat, wusste niemand, wer er war, so hatte er sich verändert, denn die drei Tage, die er auf dem Glasberge zugebracht hatte, waren drei lange Jahre gewesen. Da gab er sich zu erkennen und seine Eltern fielen ihm vor Freude um den Hals und er war so bewegt in seinem Herzen, dass er sie auf beide Wangen küsste und an die Worte des Mädchens nicht dachte. Wie er ihnen aber den Kuss auf die rechte Wange gegeben hatte, verschwand ihm jeder Gedanke an die Königstochter. Er leerte seine Taschen und legte Hände voll der größten Edelsteine auf den Tisch. Die Eltern wussten gar nicht, was sie mit dem Reichtum anfangen sollten. Da baute der Vater ein prächtiges Schloss, von Gärten, Wäldern und Wiesen umgeben, als wenn ein Fürst darin wohnen sollte. Und als es fertig war, sagte die Mutter: »Ich habe ein Mädchen für dich ausgesucht, in drei Tagen soll die Hochzeit sein.« Der Sohn war mit allem zufrieden, was die Eltern wollten.

Die arme Königstochter hatte lange vor der Stadt gestanden und auf die Rückkehr des Jünglings gewartet. Als es Abend ward, sprach sie: »Gewiss hat er seine Eltern auf die rechte Wange geküsst und hat mich vergessen.« Ihr Herz war voll Trauer, sie wünschte sich in ein einsames Waldhäuschen und wollte nicht wieder an den Hof ihres Vaters zurück. Jeden Abend ging sie in die Stadt und ging an seinem Haus vorüber. Er sah sie manchmal, aber er kannte sie nicht mehr. Endlich hörte sie, wie die Leute sagten: »Morgen wird seine Hochzeit gefeiert.« Da sprach sie: »Ich will versuchen, ob ich sein Herz wiedergewinne.« Als der erste Hochzeitstag gefeiert ward, da drehte sie ihren Wunschring und sprach: »Ein Kleid so glänzend wie die Sonne.« Alsbald lag das Kleid vor ihr und war so glänzend, als wenn es aus lauter Sonnenstrahlen gewebt wäre.

Als alle Gäste sich versammelt hatten, so trat sie in den Saal. Jedermann wunderte sich über das schöne Kleid, am meisten die Braut, und da schöne Kleider ihre größte Lust waren, so ging sie zu der Fremden und fragte, ob sie es ihr verkaufen wollte. »Für Geld nicht«, antwortete sie, »aber wenn ich die erste Nacht vor der Türe verweilen darf, wo der Bräutigam schläft, so will ich es hingeben.« Die Braut konnte ihr Verlangen nicht bezwingen und willigte ein, aber sie mischte dem Bräutigam einen Schlaftrunk in seinen Nachtwein, wovon er in tiefen

Schlaf verfiel. Als nun alles still geworden war, so kauerte sich die Königstochter vor die Tür der Schlafkammer, öffnete sie ein wenig und rief hinein:

> »Trommler, Trommler, hör mich an,
> hast du mich denn ganz vergessen?
> Hast du auf dem Glasberg nicht bei mir gesessen?
> Habe ich vor der Hexe nicht bewahrt dein Leben?
> Hast du mir auf Treue nicht die Hand gegeben?
> Trommler, Trommler, hör mich an.«

Aber es war alles vergeblich, der Trommler wachte nicht auf und als der Morgen anbrach, musste die Königstochter unverrichteter Dinge wieder fortgehen.

Am zweiten Abend drehte sie ihren Wunschring und sprach: »Ein Kleid so silbern als der Mond.« Als sie mit dem Kleid, das so zart war wie der Mondschein, bei dem Fest erschien, erregte sie wieder das Verlangen der Braut und die gab ihr dafür die Erlaubnis, auch die zweite Nacht vor der Tür der Schlafkammer zubringen zu dürfen. Da rief sie in nächtlicher Stille:

> »Trommler, Trommler, hör mich an,
> hast du mich denn ganz vergessen?
> Hast du auf dem Glasberg nicht bei mir gesessen?
> Habe ich vor der Hexe nicht bewahrt dein Leben?
> Hast du mir auf Treue nicht die Hand gegeben?
> Trommler, Trommler, hör mich an.«

Aber der Trommler, von dem Schlaftrunk betäubt, war nicht zu erwecken. Traurig ging sie den Morgen wieder zurück in ihr Waldhaus. Aber die Leute im Haus hatten die Klage des fremden Mädchens gehört und erzählten dem Bräutigam davon. Sie sagten ihm auch, dass es ihm nicht möglich gewesen wäre, etwas davon zu vernehmen, weil sie ihm einen Schlaftrunk in den Wein geschüttet hätten.

Am dritten Abend drehte die Königstochter den Wunschring und sprach: »Ein Kleid flimmernd wie die Sterne.« Als sie sich darin auf dem Fest zeigte, war die Braut über die Pracht des Kleides, das die andern weit übertraf, ganz außer sich und sprach: »Ich soll und muss es haben.« Das Mädchen gab es, wie die andern, für die Erlaubnis, die Nacht vor der Tür des Bräutigams zuzubringen. Der Bräutigam aber trank den Wein nicht, der ihm vor dem Schlafengehen gereicht wurde, sondern goss ihn hinter das Bett. Und als alles im Haus still geworden war, so hörte er eine sanfte Stimme, die ihn anrief:

>»Trommler, Trommler, hör mich an,
hast du mich denn ganz vergessen?
Hast du auf dem Glasberg nicht bei mir gesessen?
Habe ich vor der Hexe nicht bewahrt dein Leben?
Hast du mir auf Treue nicht die Hand gegeben?
Trommler, Trommler, hör mich an.«

Plötzlich kam ihm das Gedächtnis wieder. »Ach«, rief er, »wie habe ich so treulos handeln können. Aber der Kuss, den ich meinen Eltern in der Freude meines Herzens auf die rechte Wange gegeben habe, der ist schuld daran, der hat mich betäubt.« Er sprang auf, nahm die Königstochter bei der Hand und führte sie zu dem Bett seiner Eltern. »Das ist meine rechte Braut«, sprach er, »wenn ich die andere heirate, so tue ich großes Unrecht.«

Die Eltern, als sie hörten, wie alles sich zugetragen hatte, willigten ein. Da wurden die Lichter im Saal wieder angezündet, Pauken und Trompeten herbeigeholt, die Freunde und Verwandten eingeladen wiederzukommen und die wahre Hochzeit ward mit großer Freude gefeiert. Die erste Braut behielt die schönen Kleider zur Entschädigung und gab sich zufrieden.

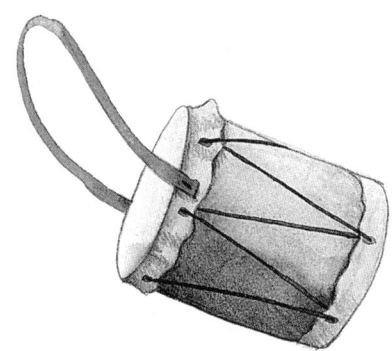

Wie die Indianer zu Musik und Tanz kamen

Ein Märchen der Indios

Lange zerbrach sich Kajurukre, der alles Nützliche brachte, den Kopf, wie er den Indianern die Langeweile erträglicher machen könne. Es mangelte ihnen an nichts, doch allzu oft saßen sie vor ihren Behausungen, wechselten kaum ein Wort miteinander und ein Tag verging wie der andere. Die Vögel dagegen sangen Tag und Nacht und zwitscherten und schwatzten, dass einem davon das Herz übergehen konnte.

Da begann Kajurukre eines Tages damit, den Indianern Gesang und Musik ans Herz zu legen. Aber so sehr er sich auch bemühte, die Indianer antworteten immer wieder schwerfällig: »Sind wir denn Vögel? Die Fische hört man doch auch nicht und es geht ihnen gut!«

Kajurukre sah, dass er so nichts ausrichten konnte und ging noch am gleichen Tag in den Urwald, in der Hoffnung, dass ihm dort jemand einen guten Rat geben würde. Er lief und lief, kreuz und quer, beobachtete die Affen, die Papageien und die Schmetterlinge, aber ihre Unterhaltungen waren für die Menschen nicht geeignet.

Dann jedoch fand er einen Ort, an den er nie zuvor gelangt war. Der Boden war ausgetreten wie auf einem Dorfplatz. Anstelle von Hütten standen rundum alte Bäume. Auf der Erde lagen übereinander geworfen Äste und Zweige. Und als von den Bäumen plötzlich herrlicher Gesang und Trommelmusik erklang, erhoben sich die Äste und die Zweige, sprangen, hüpften und tanzten schneller und immer schneller und bevor er sich dessen recht bewusst wurde, zogen sie auch ihn, Kajurukre, in ihren Reigen.

Kajurukre wusste nicht, wie lange er getanzt hatte, aber als die Zweige und die Äste müde wurden und die Musik von den Bäumen verstummte, rief er: »Das ist das Richtige für die Indianer!« Dann nahm er ein paar in der Nähe liegende Zweige und ging heimwärts. Er freute sich darauf, noch einmal zu sehen, wie die wunderlichen Zweige ihr Wesen treiben und die Indianer jauchzen und tanzen würden.

Aber ach, als die Indianer auf dem Dorfplatz versammelt waren und er die Zweige übereinander legte, blieb alles still – kein einziger Ton war zu hören. Er konnte die Zweige legen und schichten wie er wollte, er

hatte keinen Erfolg. Die Indianer lachten ihn aus und gingen in ihre Hütten. Kajurukre stand noch eine Weile in Gedanken versunken da, dann nahm er die Zweige und ging wieder in den Urwald. Er musste dem Geheimnis auf die Spur kommen, denn ohne Musik und Gesang konnte es auch keine Tänze geben. Er legte die Äste und Zweige an ihren Platz zurück und versteckte sich in der Nähe, damit sie ihn nicht in ihren Reigen zu ziehen vermochten und er unbeobachtet verfolgen konnte, woher die Trommelmusik und der Gesang kamen.

Bis zur Abenddämmerung musste er warten. Da vernahm er wieder die bekannte Melodie. Und kaum hatten die Zweige zu tanzen begonnen, lief er weiter und weiter in den dunklen Urwald hinein – bis er einen kleinen Hügel sah. Als er näher kam, sah er, dass es ein Termitenhügel war, und auf diesem tanzte ein großer Ameisenfresser. An einem Vorderbein hatte er eine Rassel und vor ihm stand eine große Trommel. Er rasselte, trommelte und sang dabei aus voller Kehle:

> »Ich musiziere, tanze, singe,
> pfeife, trommle, hüpfe, springe
> und mit mir tanzt der ganze Wald,
> in wilden Tänzen, jung und alt.«

Kajurukre erklomm geschwind einen Baum, denn schon wollten seine Beine hüpfen und springen. Auf dem Baum musste er lange warten, denn der Ameisenfresser schien nicht müde werden zu wollen. Als er aber endlich, um sich zu stärken, seine Pfoten in den Termitenhügel steckte, erblickte er Kajurukre.

»Was machst du denn hier?«, fuhr er ihn an, den Mund voller Ameisen und deren Eier. »Noch nie hat jemand außer mir diesen Ort betreten!« – »Wie du siehst, habe ich ihn auch gefunden«, lachte Kajurukre. Als er aber sah, dass das zottige Tier seine Instrumente zusammenraffte, fuhr er gleich fort: »Mir gefallen dein Gesang und deine Trommelmusik. Willst du mich nicht beides lehren, damit sich auch die Indianer daran erfreuen können?«

Der Ameisenfresser schüttelte den Kopf: »Das mache ich nicht, denn mein Gesang und meine Musik sind alles, was ich besitze. Ihr Indianer verfolgt uns Ameisenfresser doch mit euren Pfeilen und Speeren. Wie viele meiner Schwestern und Brüder mussten schon ihr Leben geben, weil wir zu plump und deshalb zu langsam sind. Und dafür sollte ich euch noch tanzen und singen lehren? Nein, das mache ich nicht!«

Kajurukre antwortete nicht gleich – wusste er doch, dass der Ameisenfresser die Wahrheit sprach. Schließlich hatte er aber einen guten Einfall: »Und wenn ich verspreche, dass wir dich nie mehr verfolgen werden?« Da ließ sich der Ameisenfresser erweichen. »Also gut«, sagte er, »komm her!«

Und die Morgendämmerung hatte noch nicht die Dunkelheit des Urwaldes durchbrochen, da kannte Kajurukre schon alle Rhythmen, Lieder und Tänze – Lieder und Tänze zur Hochzeit und zur Jagd, Lieder und Tänze zum Geburtstag, Lieder und Tänze für andere Freudenfeste und auch die Gesänge für die Begräbnisse, kurz alles, was die Indianer brauchten.

Als die ersten Sonnenstrahlen durch die dichten Zweige der hohen Bäume brachen, lenkten Kajurukre und der Ameisenfresser ihre Schritte ins Dorf. Und als sie den Dorfplatz erreichten und mit Trommel und Rassel zu musizieren begannen, eilten die Indianer aus ihren Hütten und schon bald tanzten alle im fröhlichen Reigen. Der Tanz war erst zu Ende, als alle todmüde zur Erde fielen. Aber Ruhe gab es nur für kurze Zeit. Denn im Indianerland vertrieben Musik, Tanz und Gesang fortan alle Langeweile – und kein Tag verging mehr wie der andere.

Seit jenem Tag, an dem Kajurukre und der Ameisenfresser den fröhlichen Reigen eröffneten, verehren die Indianer auch den Ameisenfresser. Niemals mehr kam es ihnen in den Sinn, ihm Schaden zuzufügen.

Die Himmelstrommel

Ein Märchen aus China

Es lebte einmal in einem Palast im Himmel ein alter Zauberer, der sieben schöne Töchter hatte. Die schönste von allen aber war Si-Dse, die jüngste Tochter.

Der alte Zauberer, der mit der Welt der Menschen nichts zu tun haben wollte, fürchtete sehr, dass seine Töchter Lust bekommen könnten, das Leben auf Erden kennen zu lernen oder gar einen irdischen Jüngling zu heiraten. Denn auch seine Töchter waren zauberkundig und dann wären vielleicht seine Zauberkünste unter die Menschen geraten. So drohte er ihnen, sie streng zu bestrafen, sollten sie sich je über die Grenzen der Palastgärten hinauswagen.

Einmal, als Si-Dse in ihrer Kammer an ihrem Stickrahmen saß, hörte sie plötzlich von fernher, aus der Welt der Menschen, Flötentöne. So schön war die Melodie, dass sie lange ergriffen lauschte. Um zu erfahren, wer ein so wunderbares Lied spielte, verließ sie mit ihrem Hirsch, der ihr Freund und Diener war, heimlich ihre Kammer und ging in den Garten hinaus. Durch eine Wolkenlücke schauten sie auf die Erde hinab. Es war Frühling. Die Pfirsichbäume mit ihren zartrosa Blüten standen in voller Pracht und die Weiden ließen ihre grünen Zweige vom milden Frühlingswind kämmen. Schwalbenpärchen flogen zwitschernd hoch in den Himmel. Singend arbeiteten die Bauern auf dem Feld. Wehmütig betrachtete Si-Dse das schöne friedliche Leben auf der Erde und wünschte sich insgeheim, auch einmal dort verweilen zu dürfen. Und immer wieder blickte sie voller Neugier in die Richtung, woher die wunderbare Melodie kam.

Da bemerkte sie unter einer alten Weide einen schönen Jüngling, der die Flöte blies. Einen so prächtigen jungen Mann hatte Si-Dse noch nie gesehen und auf der Stelle verliebte sie sich in ihn. Der Hirsch erriet sogleich die Gefühle seiner Herrin und flüsterte ihr ins Ohr: »Si-Dse, ist es nicht schön dort unten bei den Menschen? Wenn wir doch auch einmal zur Erde hinuntersteigen und dort ein Weilchen herumspazieren könnten!« Si-Dse nickte nur. »Siehst du den Burschen dort unter dem Baum? Gefällt er dir?« Si-Dse errötete. »Gefallen tut er mir schon!«, antwortete sie ihrem Freund. »Wer aber weiß, ob er auch ein guter Mensch ist?« – »Wenn du mir erlauben würdest, zur Erde hinunterzusteigen, könnte ich das leicht herausbekommen!« Si-Dse willigte ein und der Hirsch eilte zur Erde hinunter.

Der Jüngling, der unter der Weide saß und Flöte spielte, hieß Wang-Sjang. Er lebte mutterseelenallein. Denn seine Eltern waren längst gestorben und er hatte auch keine Geschwister. Da er kein Stückchen Land sein eigen nannte, weidete er die Schafe der reichen Bauern oder mähte Gras und verkaufte es als Futter im Dorf. Von dem bisschen Geld, das er für seine Dienste erhielt, konnte er gerade sein Leben fristen.

Plötzlich hörte Wang-Sjang ein Geräusch in den Büschen. Als er sich umdrehte, sah er einen Hirsch auf sich zulaufen. »Hilf mir, Jüngling, rette mich!«, schrie der Hirsch. »Ein Wolf ist hinter mir her!« Wang-Sjang führte den Hirsch zu einem Heuhaufen und versteckte ihn dort. Er selbst aber stieg auf einen Baum. Da erschien auch schon der Wolf. »Hast du einen Hirsch gesehen?«, fragte der Wolf. »Ja, eben ist einer in südlicher Richtung an mir vorbeigelaufen«, gab Wang-Sjang zur Antwort.

Der Wolf warf einen gierigen Blick in die angedeutete Richtung und mit einem Satz sprang er davon.

Nachdem er außer Sicht war, kroch der Hirsch aus dem Heuhaufen heraus. Mit einer tiefen Verbeugung seines geweihgekrönten Hauptes bedankte er sich bei Wang-Sjang. Eine gute Weile unterhielt sich der Hirsch mit dem Jüngling, stellte ihm allerlei Fragen, erkundigte sich, womit er sich seinen Unterhalt verdiene und ob er eine große Familie habe. »Ach, lieber Hirsch, ich bin ganz allein auf der Welt!«, antwortete Wang-Sjang betrübt. »Wenn du so einsam bist, warum nimmst du dir keine Frau?« – »Du weißt ja gar nicht, wie arm ich bin. Eine Frau könnte ich mir nicht leisten!«, klagte Wang-Sjang. »Lass den Kopf nicht hängen, Bruder Wang-Sjang!«, tröstete ihn der Hirsch. »So ein schöner und fleißiger Bursche wie du wird bestimmt noch eine Frau finden. Wenn du erlaubst, werde ich dir selbst dabei behilflich sein. Jetzt muss ich mich aber auf den Weg machen, denn es ist spät geworden. Wir werden uns bestimmt bald wiedersehen. Solltest du dich einmal in Not befinden, dann wende dich bitte nach Südosten und ruf nur dreimal ›Bruder Hirsch‹! Ich werde dir gewiss zu Hilfe eilen!« Mit diesen Worten verließ er den Jüngling.

Die sonderbare Bekanntschaft hatte Wang-Sjang verwirrt. Nachdem er sich ein wenig beruhigt hatte, sammelte er das gemähte Gras zusammen, lud es auf den Karren und trat den Heimweg an.

Am nächsten Tag ging Wang-Sjang mit seiner Sichel den Fluss entlang zur Arbeit. Da sah er auf einem Steg ein Mädchen in einem rosa Kleid emsig Wäsche waschen. Als er herankam, hob sie ihr Köpfchen und blickte ihn mit großen leuchtenden Augen an, dass ihm ganz warm ums Herz wurde. Bezaubert von ihrem Liebreiz, blieb er stehen und sah ihr bei der Arbeit zu. Unter seinen Blicken wurde sie sehr verlegen. Sie erhob sich und als sie nach dem Wäschekorb greifen wollte, rutschte sie aus und fiel vom Steg ins Wasser. Erschrocken sprang Wang-Sjang ihr nach und trug sie ans Ufer. »Du wirst dich erkälten in den nassen Kleidern!«, sagte er. »Komm, gehen wir in meine Hütte! Sie ist nicht weit von hier. Dort kannst du deine Kleider am Feuer trocknen.«

Als sie zur Hütte kamen, stand bereits der Hirsch dort. Er hatte Kleider für das Mädchen mitgebracht. »Warum bist du gekommen, Bruder Hirsch?«, fragte Wang-Sjang erstaunt. »Ich habe dich nicht gerufen!« – »Habe ich dir nicht versprochen, eine Braut zu finden? Dieses Mädchen, das du vor dem Ertrinken gerettet hast, heißt Si-Dse. Deinetwegen hat sie den Palast ihres Vaters im Himmel verlassen und ist zur Erde herabgestiegen. Frag sie doch, ob sie deine Frau werden möchte!«

Wie im Traum kam sich Wang-Sjang vor. Er konnte einfach nicht glauben, dass dieses Mädchen ihn jemals heiraten würde. Da aber fiel sein Blick auf Si-Dses strahlendes Gesicht! Verschämt trat er zu ihr und bat sie, seine Frau zu werden.

Wang-Sjang und Si-Dse waren sehr glücklich miteinander. Sie arbeiteten beide fleißig und es dauerte nicht lange, da hatten sie genug erspart, um sich ein Stückchen Land zu kaufen. Der Boden war gut und brachte ihnen eine reiche Ernte ein. Und abends in ihren Mußestunden spielte Wang-Sjang seiner Frau die allerschönsten Lieder auf seiner Flöte vor. Aber ihr Glück war nur von kurzer Dauer. Eines Tages, als Wang-Sjang Getreide zum Markt gefahren hatte und erst spätabends heimkehrte, fand er sein Häuschen leer. Er suchte Si-Dse überall, konnte sie aber nirgends entdecken. Da erinnerte er sich der Worte des Hirsches und rief dreimal: »Bruder Hirsch!« Der Hirsch erschien auch sogleich und erzählte ihm, was vorgefallen war.

»Si-Dse ist die Tochter eines bösen und mächtigen Zauberers! Der Alte geriet außer sich, als er vernahm, dass seine Tochter zur Erde hinabgestiegen war und einen Menschen geheiratet hatte. So wartete er nur auf eine günstige Gelegenheit, sie wieder in seinen Palast im Himmel zurückzubringen. Dort hält er sie nun gefangen.«

»Wie soll ich denn Si-Dse befreien? Hilf mir doch, Bruder Hirsch!«, rief Wang-Sjang flehend. – »Si-Dse band ein Säckchen um meinen Hals. Darin befindet sich ein Körnchen Gaoliang. Steck das Körnchen in die Erde und pfleg es gut. Wenn der Gaoliang emporgewachsen ist, klettere an dem Stängel hinauf und spring auf eine Wolke. Sie wird dich zum Palast des Zauberers tragen. Aber bis dahin bittet dich Si-Dse, ihr jeden Tag auf der Flöte ein Lied zu spielen, um ihr die Einsamkeit in der Gefangenschaft zu erleichtern. Nun muss ich mich beeilen, denn Si-Dse wartet auf mich. Merk dir gut, was ich dir gesagt habe!« Und er verließ den Jüngling.

Da Wang-Sjang große Sehnsucht nach seiner Frau hatte, pflanzte er noch am selben Tag das Körnchen in der Nähe seiner Hütte ein und pflegte es mit Liebe und Sorgfalt. Seine Mühe war nicht vergebens. Es wuchs höher und höher. Eines Tages war der Stängel so groß und stark wie ein Baum geworden und bis zu den Wolken emporgewachsen.

Wie ihm der Hirsch geraten hatte, kletterte Wang-Sjang an dem Stängel hinauf und sprang auf eine Wolke, die ihn zum Palast trug. Als er den Palastgarten betrat, kamen ihm sechs Mädchen entgegen, die alle gleiche Kleider trugen.

»Herzlich willkommen, lieber Schwager!«, begrüßte ihn das älteste Mädchen. »Seid gegrüßt, liebe Schwägerinnen!«, erwiderte Wang-Sjang. »Ich komme, Si-Dse zu befreien und sie wieder zur Erde mitzunehmen!« – »Das wird nicht so leicht sein!«, sagte die Älteste mit einem Seufzer. »Si-Dse ist im Kerker hinter dicken Mauern eingesperrt. Du musst viel Mut aufbringen und mit List vorgehen, um gegen die Zauberkunst unseres Vaters anzukommen.« – »Wo ist der Hirsch?«, fragte Wang-Sjang. »Als unser Vater erfuhr, dass er dir von Si-Dse Nachricht gebracht hatte, sperrte er auch ihn ein!«

Plötzlich erhob sich ein heftiger Sturm. Der Himmel verdunkelte sich. Es blitzte und donnerte und aus einer schwarzen Wolke stieg der alte Zauberer in den Palastgarten hinab. »Wer hat dir erlaubt, meinen Garten zu betreten?«, rief er zornig. »Bist du etwa gekommen, um Si-Dse zu entführen? Meine Tochter wirst du nie wiedersehen. Verschwinde, du hast hier nichts zu suchen!«

»Si-Dse ist aus freiem Willen meine Frau geworden! Ich habe sie nicht entführt! Nun bin ich gekommen, um sie heimzuführen!«, erwiderte Wang-Sjang beherzt. »Na schön, wenn es dich so sehr verlangt, Si-Dse zurückzubekommen, musst du erst einmal beweisen, was du kannst!«, sagte der Alte höhnisch. »Meine älteste Tochter wird dir meine Felder zeigen. Geh und pflüg sie um bis zum Sonnenuntergang. Gelingt es dir, sollst du Si-Dse haben. Wenn nicht, dann verlass meinen Palast und zeig dich nie wieder hier!«

Unendlich weit erstreckten sich die Felder des alten Zauberers. Verzweifelt stand Wang-Sjang neben seiner Schwägerin und wusste sich nicht zu helfen. Da sagte die Schwägerin: »Gräm dich nicht, Schwager! Verlass dich nur auf mich!« Sie pustete dreimal auf den Pflug, der sich sogleich mit rasender Geschwindigkeit über die Felder zu bewegen begann. Und noch vor Sonnenuntergang waren die dicht mit Unkraut bewachsenen Äcker allesamt umgepflügt.

Der Alte traute seinen Augen nicht. ›Der Bursche scheint tatsächlich ungewöhnliche Fähigkeiten zu besitzen!‹, dachte er. Ich muss ihm wohl eine schwerere Aufgabe stellen! Er tat, als ob er sehr zufrieden sei. Dann überlegte er eine Weile und sagte schließlich: »Wenn du aus Kleie ein Seil drehen kannst, ist Si-Dse dein. Anderenfalls verschwinde und lass dich nie wieder sehen!«

Aus Hanf oder Gras ein Seil anzufertigen wäre eine Kleinigkeit gewesen. Wie aber ein Seil aus Kleie herstellen? Wang-Sjang wusste sich auch diesmal keinen Rat. Da flüsterte ihm die älteste Schwester wieder zu: »Gräm dich nicht, Schwager! Ich werde dir helfen!« Sie pustete dreimal auf die Kleie, die sich augenblicklich in Hanffasern verwandelte. Wang-Sjang machte sich mit Feuereifer an die Arbeit und binnen kurzer Zeit war auch die zweite Aufgabe erfüllt.

Als der alte Zauberer das sauber gedrehte Seil sah, erblasste er vor Wut, doch ließ er sich nichts anmerken und mit scheinbarer Freundlichkeit lobte er Wang-Sjang: »Gut, sehr gut hast du das gemacht! Wenn du auch noch die letzte Aufgabe erfüllst, kannst du Si-Dse gleich mitnehmen. Geh morgen zum Affenberg und bring mir die Himmelstrommel des Affenkönigs! Schaffst du das nicht, dann verschwinde auf Nimmerwiedersehen.«

»Gräm dich nicht, Schwager! Auch bei dieser Aufgabe werden wir dir helfen!«, sagten nun alle sechs Schwestern. »Wir sind ja nicht umsonst Töchter eines Zauberers!« – »Kennst du den Weg zum Affenberg?«, fragte die jüngste Schwägerin. »Nein, von einem Affenberg habe ich noch nie etwas gehört!«, erwiderte Wang-Sjang verzweifelt. »Dann nimm dieses Knäuel! Es wird dir den Weg zeigen.« Die zweitälteste Schwester überreichte ihm eine Schärpe, die drittälteste gab ihm eine Nadel, von der viertältesten erhielt er einen leinenen Sack und die fünftälteste schenkte ihm einen Dattelkern, die sechstälteste aber sprach ihm Mut zu und gab ihm weise Ratschläge. Wang-Sjang dankte seinen Schwägerinnen und machte sich schon vor Morgengrauen auf den Weg zum Affenberg.

Drei Tage bereits war Wang-Sjang dem vor ihm her tanzenden und sich abrollenden Knäuel gefolgt, als er endlich den Affenberg erblickte. Er stieg den Berg hinan und versteckte sich im Gestrüpp, um sich erst einmal umzusehen. Wo er auch hinschaute, überall tummelten sich Affen – Affen, die von Baum zu Baum sprangen, Affen, die fraßen, die spielten und allerlei Unfug trieben. Auf einem der Bäume hing eine Trommel, die von ein paar kräftigen Affen bewacht wurde.

Wang-Sjang befolgte den Rat seiner jüngsten Schwägerin und sprang in eine Grube, die sich in der Nähe befand, wälzte sich darin herum und kam, völlig mit Lehm bedeckt, wieder heraus. Dann setzte er sich auf einen Stein, um sich zu trocknen. Bald hatten ihn die Affen entdeckt und rannten auf ihn zu. Sie hielten ihn für einen Lehmgott, betasteten ihn ehrerbietig und huldigten ihm als ihrem Herrn und Gebieter. Nachdem sie ihm gebührend Ehre erwiesen hatten, führten sie ihn zum Baum, wo die Himmelstrommel hing und verneigten sich abermals tief vor ihm. Sie pflückten Früchte von den Bäumen und legten sie ihm demutsvoll zu Füßen. Einer der Affen lief davon, um dem Affenkönig den hohen Besuch anzukündigen. Der Affenkönig erschien bald. Sein Kopf war mit bunten Federn geschmückt und auf seinem Schwanz glänzte ein wunderschöner Smaragd.

»Lass mich allein mit dem Gebieter!«, befahl er. Als die Affen sich entfernt hatten, warf sich der Affenkönig vor Wang-Sjang nieder. »Oh, allmächtiger Herr, womit habe ich deinen Besuch verdient? Bist du etwa zur Erde herabgestiegen, um mich zum Himmel emporzuführen?« – »So ist es, fürwahr!«, erwiderte feierlich Wang-Sjang. »Steig in den Sack und komm mit!« Gehorsam sprang der Affenkönig in den Sack hinein, den Wang-Sjang flugs zuschnürte und an den Baum hängte. Dann holte er die Trommel herunter und lief davon.

Auf die Hilferufe ihres Königs kamen die Affen herbeigelaufen und befreiten ihn aus dem Sack. »Wir haben diesen Schwindler für einen Gott gehalten!«, schrie der Affenkönig. »Seht, er hat die Himmelstrommel gestohlen! Los, hinter ihm her!«

Kreischend stoben die Affen davon und nahmen die Verfolgung auf. Der Abstand zwischen Wang-Sjang und den Affen wurde immer geringer. Vor Furcht, dass sie ihn einholen könnten, warf er die Schärpe, die ihm die zweitälteste Schwägerin gegeben hatte, hinter sich. Augenblicklich ergoss sich ein reißender Strom, der den Verfolgern den Weg versperrte. Die Affen sprangen hinein und schwammen auf das andere Ufer hinüber. Dann setzten sie die Verfolgung fort. Als sie schon recht nahe an Wang-Sjang herangekommen waren, warf er die Nadel, die er von der drittältesten Schwägerin bekommen hatte, hinter sich. Da sprang mit einem Mal ein Felsen mit messerscharfen Zacken empor, der die Affen zum Stehen zwang. Aber auch das war kein unüberwindliches Hindernis für sie. Wang-Sjang war am Ende seiner Kräfte. Schnell holte er aus seiner Tasche den Dattelkern heraus, den er von der fünftältesten Schwägerin erhalten hatte und warf ihn im Bogen hinter sich. Und im Nu war aus dem Kern ein ganzer Hain von Dattelbäumen emporgeschossen. Der reißende Strom und die zackigen Felsen waren keine wirklichen Hindernisse für die Affen gewesen, aber auch nicht einer von ihnen konnte den verlockenden Früchten widerstehen. Auf einmal war alles vergessen – Wang-Sjang, der Affenkönig, selbst die Himmelstrommel. Sie kletterten in aller Hast auf die Dattelbäume und begannen die goldbraunen, süßen Früchte zu verzehren.

So war nun Wang-Sjang glücklich den Affen entkommen und kehrte in den Palast zurück, wo ihn bereits die älteste seiner Schwägerinnen erwartete. »Ich habe dir Watte mitgebracht. Stopf deine Ohren damit zu, ehe du zu unserem Vater gehst!«, sagte sie. »Er will dich nämlich mit einem Schlag auf die magische Trommel vernichten!«

Tückisch lächelnd empfing der alte Zauberer die Trommel und sagte: »Ich werde dir den wunderbaren Klang der Himmelstrommel vorführen!« Darauf schlug er mit einem Stock so heftig auf die Trommel, dass der ganze Palast erzitterte und die Dächer einzustürzen drohten.

»Ich habe nichts gehört, Väterchen!«, rief Wang-Sjang. »Du bist offenbar schon zu alt geworden und hast nicht mehr Kraft genug. Lass mich einmal trommeln.« Wang-Sjangs Schlag war so mächtig, dass der Himmel erzitterte und die Erde zu beben begann. Die dicken Mauern des Kerkers stürzten ein und auf dem Rücken ihres treuen Freundes, des Hirsches, kam Si-Dse angeritten. Der alte Zauberer aber lag stocksteif da und alles Leben war aus ihm gewichen. So hatte er durch seine eigene Bosheit sich selbst vernichtet.

Gemeinsam mit dem Hirsch stiegen Wang-Sjang und Si-Dse wieder zur Erde hinab. Bald folgten ihnen Si-Dses Schwestern, die auch fleißige Jünglinge heirateten, und alle lebten sie fortan glücklich miteinander unter den Menschen.

Märchen von der Flöte

Die Flöte ist wohl das älteste Instrument der Welt, auf dem man Melodien blasen kann. Sie besteht aus ganz unterschiedlichem Material. Ursprünglich wurden Flöten aus Tierknochen oder Schilfrohr gemacht. Damit konnten sich die Jäger untereinander verständigen. In späteren Zeiten wurde die Flöte das Instrument der fahrenden Spielleute, der Hirten und Dorfmusikanten. Wo immer es etwas zu feiern und zu tanzen gab, ertönte auch die Flöte.

Geblasen wird sie mal längs, mal quer. Kaum ein anderes Instrument kommt in so vielen Formen vor. Manche Flöten erkennt man sogar erst auf den zweiten Blick. Aus Ton geformt und bemalt, stellen sie märchenhafte Figuren wie Tiere, Vögel oder Menschen dar.

Wer erfahren möchte, wie eine Flöte hergestellt werden kann, dem verrät das indianische Märchen vom Flötenbaum ein geheimnisvolles Rezept. – Willst du schon mal nach einem solchen Baum Ausschau halten?

Der Flötenbaum

Ein Märchen der Lakotaindianer,
neu erzählt von Dorothée Kreusch-Jacob

In alten Zeiten gab es noch keine Flöten bei den Indianern. Sie kannten die Lieder der Vögel, das Rauschen des Wassers und das Grollen des Donners. Sie beschworen den Regen mit ihren Schwirrhölzern und tanzten zur Musik ihrer Trommeln. Aber Flötentöne hatten sie noch nie gehört.

Eines Abends, es war bereits dämmrig, ging ein junger Indianer auf die Jagd. Er folgte einem Hirsch und geriet immer tiefer in den Wald. Rasch wurde es dunkel, er verlor die Spur aus den Augen und verirrte sich im Dickicht. Was sollte er tun? – Es blieb ihm nichts anderes übrig, als die Nacht im Wald zu verbringen. Er machte sich ein Lager zurecht und versuchte einzuschlafen. Aber an Schlaf war nicht zu denken! Die Geräusche der Wildnis hielten ihn wach. Er hörte die Laute der Nachttiere, er lauschte auf den Wind, das Rascheln in den Bäumen, das Knacken des trockenen Holzes. Aber da war noch etwas zu hören – ein Klang, der von weit her kam, leise und unheimlich und doch wie eine schöne Melodie. Der junge Indianer war fasziniert von der Musik, die an sein Ohr drang. Sie erzählte von Freude, Traurigkeit, Hoffnung und Liebe. Als er endlich doch einschlief, sah er im Traum einen Specht, der ihm das zauberhafte Lied ins Ohr sang. »Wenn du mir folgst, wirst du das Geheimnis dieser Melodie entdecken«, hörte er den Specht sagen.

Kaum war der Indianer am Morgen erwacht, sah er den Specht, der im Traum zu ihm gesprochen hatte, vor sich auf einem Baum sitzen. Er schlug mit den Flügeln und rief: »Komm, folge mir!« und hüpfte ihm voraus von Baum zu Baum.

Da hörte der Indianer von Ferne wieder die leise Melodie. Er folgte dem Vogel durch den Wald, bis sie zu einer alten Zeder kamen. Der Specht setzte sich auf einen ihrer alten, toten Äste und klopfte und hämmerte dagegen. Plötzlich kam ein Wind auf – und in dem Moment erklangen wieder die geheimnisvollen Töne. Da erkannte der junge Indianer, dass der Wind die Klänge hervorzauberte, wenn er durch den hohlen Ast fuhr, den der Specht mit seinem Schnabel durchlöchert hatte.

Auf diese Weise entstand also die Melodie! Er brach den Ast vom Baum und dankte dem Specht überglücklich für dieses Geschenk.

Schnell machte er sich auf den Weg zurück zum Dorf. Sobald er dort angekommen war, versuchte er auf dem toten Ast zu blasen. Aber kein Ton war ihm zu entlocken. Keinem seiner Freunde konnte er das Geheimnis der Töne zeigen, so sehr er sich auch bemühte.

In der folgenden Nacht kam der Specht im Traum wieder zu ihm. Dieses Mal zeigte er ihm, wie er sich eine richtige Flöte selbst bauen konnte. Er erklärte ihm, wie lang ein Ast sein muss, wie die Löcher gebohrt werden und wie man das Instrument mit einem geschnitzten Vogelkopf verzieren und anschließend bemalen kann. »Hast du verstanden?«, fragte er ihn zum Schluss. Der junge Indianer hatte sich alles gut gemerkt.

Am nächsten Tag ging er wieder in den Wald und befolgte all das, was ihm der Specht beigebracht hatte. Als seine Flöte fertig war, blies er vorsichtig hinein – und tatsächlich erklang die Melodie, die von Glück und Traurigkeit, Sehnsucht und Liebe erzählte. Sogar die Menschen im Zeltdorf konnten die Musik hören. Sie kamen aus ihren Tipis und lauschten auf die Klänge, die aus dem Wald kamen.

Nun lebte im Dorf auch ein großer Häuptling. Der hatte eine Tochter, die ebenso schön wie stolz war. Keiner der jungen Männer war ihr gut genug, obwohl sie großzügige Geschenke mitbrachten. Bisher hatte sie alle Bewerber weggeschickt. Der junge Indianer aber liebte sie schon lange. Ob er mit seiner Flöte ihre Liebe gewinnen konnte?

Eines Tages wagte er sich ganz in die Nähe ihres Tipis. Ihr könnt euch denken, dass er in diesem Augenblick sehr aufgeregt war und die schönsten Töne und Melodien auf seinem Instrument hervorlockte. Als die Klänge an ihr Ohr drangen, horchte sie wie gebannt auf. Wer oder was konnte so schöne Musik spielen? Sie war wie verzaubert und – ob sie wollte oder nicht – ihre Füße und ihr ganzer Körper bewegten sich in die Richtung, aus der die Musik erklang. Sie trat aus ihrem Tipi – und erblickte den jungen Indianer mit seiner Flöte ...

Wisst ihr wie die Geschichte weiterging? Eines sei verraten: Sie nahm ein gutes Ende, denn die Häuptlingstochter und der junge Indianer wurden ein Paar. Im Dorf wurde ein großes Fest gefeiert und man tanzte und sang viele Nächte lang. Die Flöte aber war fortan ihr wertvollster Besitz, denn sie hatte beide zusammengeführt.

So wurde es Brauch, dass die jungen Männer des Dorfes in den Wald gingen und ihren Flötenbaum suchten. Dort schnitzten sie sich aus einem hohlen Ast eine eigene Flöte, verzierten sie mit dem Kopf eines Spechtes und malten sie an. Denn sie wussten, dass sie mit ihren Flötentönen die Mädchen verzaubern konnten. Das sprach sich bei den anderen Stämmen und Völkern schnell herum. Seither gilt die Flöte als Instrument der Liebe.

Warum der Kolibri traurig auf der Flöte bläst

Ein Märchen der Indios

Als der Kolibri sein buntes Gefieder bekommen hatte, fand er es an der Zeit, eine Braut zu wählen und zu heiraten. ›Welche Auserwählte sollte so einem schmucken Kerl wie mir widerstehen?‹, überlegte er. Aber er hielt sich für so außergewöhnlich schmuck, dass ihm keine gut genug war.

Das schwatzhafte Papageienweibchen mochte er nicht, obwohl es doch ein schönes buntes Gefieder hatte. Der Eule sagte er gleich ins Gesicht, dass sie eine hässliche alte und blinde Vettel sei, und als ihm der fleißige Hornero seine Tochter anbot, lachte er ihn einfach aus: »Die ist ja schmutzig, die würde nur mein schönes Federkleid beflecken!« Aus dem bescheidenen Kolibri war ein aufgeblasener Vogel geworden. Doch sicher wollt ihr hören, wie es mit seiner Brautschau weiterging.

Der Kolibri hatte bald eingesehen, dass er unter den Vögeln und den anderen Tieren keine passende Frau finden würde, und so hielt er im Indianerdorf Ausschau. Vom Morgen bis zum Abend schaute er die Mädchen an und schließlich fand er eines, in das er sich sogleich bis über beide Ohren verliebte. Das Mädchen wohnte in einer hübschen Hütte am Ende des Dorfes. Es trug in seinem bis zum Rücken herabhängenden schwarzen Haar eine wunderschöne Blüte des Urwaldes. Und wenn es lachte, stand für den Kolibri die ganze Welt still und ihm stockte fast der Atem. Eigentlich wollte er gleich zu dem Mädchen gehen und es um seine Hand bitten. Dann überlegte er es sich aber anders: ›Am Ende übersieht es mein herrliches Gefieder und lacht über meine geringe Größe. Nein, nein, es muss mir etwas einfallen ...‹

Und dann fiel ihm wirklich etwas ein. Er ging zur Nachtigall, borgte sich eine ihrer Flöten und begann, heimlich darauf zu blasen. Sein Spiel ließ sich mit dem der Nachtigall zwar nicht vergleichen, doch ihm schien es empfindungsreicher und für die viel geliebten Ohren gerade richtig zu sein.

Endlich war der Kolibri mit seiner Kunst zufrieden und er setzte sich mit der Flöte hinter die Hütte des Mädchens. Um eine bessere Wirkung zu erzielen, wartete er, bis alle Sterne am Himmel leuchteten. Dann begann er leise, ganz leise zu spielen. Der Kolibri spielte so gefühlvoll, wie das Mädchen es nie zuvor vernommen hatte. Auch die zweite Nacht lauschte es andächtig und als das Flötenspiel auch die dritte Nacht erklang, war es sich sicher, dass der Unbekannte für es allein spielte.

»Wer bist du und warum spielst du auf der Flöte?«, fragte das Mädchen in der dritten Nacht, kaum dass der Kolibri geendet hatte. »Ich will dich fürs Leben heimführen«, antwortete der Vogel. »Komm doch schon morgen zu mir!« – »Warum nicht«, sagte das Mädchen. »Sag mir nur, wohin ich kommen soll.« – »Ich wohne bei der ersten Palme im Wald«, flüsterte der Kolibri, damit ihn auch kein anderer höre, und sein Herz hüpfte dabei vor Freude, dass es ihm fast aus dem Gefieder gesprungen wäre. Da stutzte das Mädchen und sagte: »Bei der ersten Palme? Dort wohnt doch niemand! Nun – wenn du es aber sagst, will ich dort sein, sobald die Sonne hoch am Himmel steht.«

Der Kolibri wartete nicht länger. So schnell er konnte, eilte er in sein Nest, das er bis zur Morgendämmerung putzte. Dann holte er Blätter von duftenden Blüten, Halme von trockenem Gras, rupfte sich selbst einige Federn aus dem Gefieder und legte alles fein säuberlich ins Nest. Das Mädchen sollte sich bei ihm wohl fühlen. Die Sonne stand noch lange nicht hoch am Himmel, da stand der Kolibri schon vor dem Nest, aufgeputzt wie ein richtiger Bräutigam.

Und das Mädchen kam und es war noch schöner als zuvor. Bei der Palme verlangsamte es seine Schritte und schaute sich suchend um. Schließlich wurde es unruhig. Der Kolibri aber rief ein um das andere Mal: »Hier bin ich, hier wohne ich!« Dabei sprang er dem Mädchen vor die Füße, dann zurück ins Nest, hin und her, hin und her, damit es auf ihn aufmerksam würde. Als das Mädchen ihn endlich wahrnahm, lächelte es traurig und sagte zu ihm: »Wenn du nicht so ein kleines Häuschen hättest, würde ich bei dir bleiben. Mein Liebster hat mich nämlich vergessen!« Dann kehrte es ihm den Rücken zu – und wie es aus dem Dorf gekommen war, ging es wieder dorthin zurück. Aber lange trauerte es nicht um den geheimnisvollen nächtlichen Musikanten, denn es war die Allerschönste im Dorf und heiratete bald einen tapferen Jüngling.

Der Kolibri aber hat das Mädchen nicht vergessen. Er lockt noch heute leise mit der Flöte. Vielleicht findet er doch ein Mädchen, das ihn trotz seiner geringen Größe nimmt. Manche Vogelzungen behaupten allerdings, dass ihn die Mädchen wegen seines Stolzes nicht wollen.

Der Querpfeifenspieler

Ein Märchen aus Frankreich

Es war einmal ein Bub, der war geschickt in vielen Dingen. Vor allem aber war er ein sehr guter Bläser: Man fand keinen besseren zum Querpfeifenblasen. Und da er oft zum Tanz aufspielte, bald hier, bald dort, um sich ein paar Kreuzer zu verdienen, nannte man ihn meistens einfach den Querpfeifenspieler.

Als er eines Tages am Flussufer entlang von einer Veranstaltung nach Hause kam, bemerkte er zu seinen Füßen einen großen Hecht, der mit offenem Mund auf dem Sande ausgebreitet lag und schon halb tot zu sein schien.

»Gott behüte dich, Querpfeifenspieler!«, sagte der Fisch. »Gott behüte dich, Hecht«, sagte der andere. »Würdest du mir einen Dienst erweisen?« – »Warum nicht, wenn ich es kann?« – »Vorhin bin ich beim Springen aus dem Fluss hinausgefallen. Hier werde ich, wie du siehst, umkommen müssen, wenn du mir nicht zu Hilfe kommst. Gib mich wieder ins Wasser zurück, ich bitte dich darum. Solltest du dich je in Verlegenheit befinden, so werde auch ich meinerseits für dich tun, was ich kann!« – »Was wirst du denn je für mich tun können?«, sagte lachend der junge Mann. »Man kann es nicht wissen!«, sagte der Hecht. Der Querpfeifenspieler hob den Fisch auf, gab ihn in den Fluß zurück und setzte dann seinen Weg fort. Pfeifend entfernte er sich.

Ein wenig weiter hörte er eine weitere Stimme: »Querpfeifenspieler, Gott behüte dich!« Der Bursche sah zu seinen Füßen an die Stelle, von der die Stimme kam. Schließlich bemerkte er auf dem Sand eine verletzte Ameise. Es kam ihm vor, als könne sie nicht mehr weiter, sie schleppte sich nur noch so.

»Ameise, Gott behüte dich!«, sagte er. »Ich möchte dich um einen Gefallen bitten«, sagte die Ameise. »Nur zu, ich werde sehen, was ich für dich tun kann.« – »Ich habe mir weh getan und kann nicht mehr gehen. Ich werde hier sterben, wenn du dich nicht meiner erbarmst. Ich bitte dich, trag mich zum Ameisenhaufen. Wenn du eines Tages Hilfe brauchen solltest, werde ich mich daran erinnern, was du für mich getan hast.« – »Was glaubst du, dass ich je von dir werde erwarten können, armes

Tierchen?« – »Wie willst du das wissen!«, sagte die Ameise. Der Querpfeifenspieler hob sie auf, wie er es auch mit dem Fisch getan hatte, und trug sie einige Schritte weiter auf den Ameisenhaufen.

Dann ging er weiter, ohne länger nachzudenken. Bald darauf kreuzte eine Biene seinen Weg. »Querpfeifenspieler, Gott behüte dich!« – »Gott behüte dich, Biene!« – »Würdest du mir einen Gefallen tun?« – »Warum nicht, wenn ich kann.« – »Gerade hab ich mir einen Flügel zerrissen und kann nicht mehr weiterfliegen. Beim Himmel, trag mich zum Wabenstock zurück und lass mich nicht hier liegen! Vielleicht, dass ich es dir eines Tages vergelten kann.« – »Ach, Ärmste, wann immer du willst, aber was wirst du je für einen Menschen tun können?« – »Wer weiß«, antwortete die Biene. Der Querpfeifenspieler bückte sich, hob sie mit äußerster Sorgfalt auf und trug sie zum Wabenstock zurück, der sich ganz in der Nähe befand. Dann nahm er seinen Weg wieder auf und kam zu Hause an.

Der Bursche war sehr geschickt und hatte im Geschäft immer so großes Glück, dass gewisse Leute meinten, es stecke etwas dahinter und er müsse sicherlich ein Zauberer sein. Wie auch anders? Er führte alles aus und zu Ende, was ihm gerade in den Kopf kam. So redete man über ihn. Eines Tages hörte der König von alledem und ließ ihn wissen, dass er ihn aufsuchen müsse, und zwar gleich, in gewissen Angelegenheiten.

Dieser Befehl überraschte den Querpfeifenspieler sehr. Er hatte Angst, dass dies nichts Gutes bedeuten würde. Aber was tun, wenn der König befiehlt? Da kann man nur gehorchen. Ohne zu zögern brach er also auf und als er im Königsschloss angekommen war, sprach der König: »Man versicherte mir, dass du eine sehr große Macht hättest und alles zu Ende brächtest, was du dir in den Kopf setztest. Jetzt will ich wissen, was es damit auf sich hat. Siehst du diesen Schlüssel? Das ist der Schlüssel zu meiner Schatzkammer. Ich werde ihn in den Fluss werfen und in einer Stunde musst du ihn mir zurückgebracht haben. Hast du ihn mir bis in einer Stunde nicht wiedergebracht, so will ich dich hängen.« Bei diesen Worten erhob sich der König, ging an das Fenster und warf den Schlüssel geradeaus, mitten in die Adour, die dort fließt.

›Jetzt bin ich verloren!‹, dachte der Querpfeifenspieler. ›Niemand in der Welt wird diesen Schlüssel wiederfinden können.‹ Er nahm Abschied,

ganz traurig und mit gesenktem Kopf. Er fing an, den Fluss auf und ab zu gehen, ohne recht zu wissen, was tun. Vergebens grübelte er nach und zermarterte sich das Gehirn. Der arme Bursche fand kein Mittel, sein Leben zu verlängern.

Als er so dahinging, sah er plötzlich einen großen Hecht, der die Fluten teilte und zu ihm herkam. Nahe am Ufer angelangt, begann der Hecht zu sprechen: »Was ist heute los mit dir, Querpfeifenspieler? Du bist gar nicht heiter, will mir scheinen.« – »Was soll mit mir los sein?«, antwortete der andere. »Man kann auch nicht immer lachen.« – »Du bist so nachdenklich, das ist doch nicht umsonst. Ich will wissen, was dich quält.« – »Wenn du so sehr darauf bestehst, so kann ich es dir schon erzählen. Daran wird sich doch nichts mehr ändern. Der König hat mich gerufen. Er hat den Schlüssel seiner Schatzkammer mitten in die Adour geworfen und zu mir gesagt, dass er mich hängt, wenn ich ihm nicht bis in einer Stunde diesen Schlüssel zurückbringe. Soll ich mich da noch freuen?« – »Wenn es sich nur darum handelt«, sagte der Hecht, »mach dir keine Sorgen mehr. Ich kann dir helfen. Erinnerst du dich noch, wie du mich halbtot am Ufer des Flusses gefunden hast und ich dich bat, mich ins Wasser zurückzuwerfen? Du hast es getan und hast mir das Leben gerettet. Heute will ich das Gleiche für dich tun.«

Gesagt, getan. Der Hecht drehte sich und tauchte tief ins Wasser. Nach einem kurzen Augenblick war er wieder zu sehen, kam ans Ufer und hielt den Schlüssel in seinem Maul. Wie glücklich war da der Bursche! Das ganze Gold der Erde hätte ihm keine größere Freude bereitet. Er nahm den Schlüssel und dankte dem Fisch herzlich. Ohne Zeit zu verlieren, lief er zum König und übergab ihn ihm.

»Das ist sehr gut«, antwortete ihm der König. »Da ist nichts dazu zu sagen. Ich sehe, dass du kein Dummkopf bist, aber damit ist es noch nicht zu Ende. Jetzt will ich einen Sack voll Hirse in den Wald verstreuen, mitten unter das Gebüsch, und wenn du in einer Stunde die ganze Hirse nicht aufgelesen hast, wartet auf dich nur der Galgen.« Dann rief der König seinen Diener und gab ihm den Befehl, in der Vorratskammer einen Sack Hirse zu holen und ihn im Wald im größten Dickicht zu verstreuen. Der Befehl wurde ohne Verzögerung vollstreckt.

Schon wieder war der Querpfeifenspieler sehr besorgt. ›Der König will meinen Tod‹, dachte er. ›Dieses Mal werde ich mich nicht durchbringen. Wer könnte auch eine solche Aufgabe erfüllen?‹ Dennoch ging er in Richtung des Waldes und setzte sich traurig nieder, den Kopf in die Hände gestützt und ganz betrübt über sein Unglück.

Wie er so dasaß und nachdachte, den Blick auf die Erde geheftet, bemerkte er eine Ameise, die ihn anzuschauen schien. Da fing die Ameise an zu sprechen: »Heute bist du aber sehr düster, Querpfeifenspieler! Dürfte ich wissen, was los ist?« – »Was soll los sein?«, antwortete der Bursche. »Und wenn ich schon Kummer hätte, was würde es mir nützen, es dir zu sagen?« – »Mehr als du nur glaubst, vielleicht. Erzähl mir nur, was geschah.« – »Wenn du schon darauf bestehst, werde ich es dir sagen. Der König hat einen Sack Hirse im Gestrüpp mitten im Wald ausgestreut. Dazu verkündete er mir, er würde mich hängen lassen, wenn ich nicht die ganze Hirse bis auf das letzte Korn auflese. Ich sehe wohl, dass mein Leben zu Ende ist.« – »Und das ist alles?«, fragte die Ameise. »Nun denn, mein Freund, vergiss deine Traurigkeit, ich kann dich aus der Verlegenheit retten. Erinnerst du dich noch an den Tag, wo ich deiner Hilfe bedurfte? Ich war verletzt und konnte nicht mehr gehen. Du hast mich dann auf den Ameisenhaufen zurückgetragen. Ohne dich wäre ich schon tot. Ich habe es nicht vergessen und will jetzt meinerseits dir das Leben retten.«

Kaum war sie zu Ende, verschwand sie vor seinen Augen und als sie nach kurzer Zeit wiederkam, zogen alle Ameisen vom Ameisenhaufen hinter ihr her. Sofort breiteten sie sich nach allen Richtungen des Waldes aus und fingen an, die Hirse zusammenzutragen. Der Bursche brauchte also nur seine Arme kreuzen und zusehen. Im Handumdrehen war alles aufgelesen und als der König kam, um nachzusehen, war er neuerdings sehr überrascht, alles so vorzufinden, wie er es befohlen hatte.

Da sagte er zum Querpfeifenspieler: »Das ist gut, mein Bursche, sogar sehr gut. Dir sitzt der Teufel zwischen den Augen. Nicht zu Unrecht lobt man dich, aber noch ist es nicht zu Ende. Jetzt Folgendes: Ich habe drei Töchter, alle drei sind sehr schön und einander so ähnlich, dass ich sie selbst kaum auseinander kenne. Eine von ihnen ist in dich verliebt. Morgen werde ich sie zum Heiligen Abendmahle führen und wenn sie in der Kirche sind, wirst du mir vor allen Leuten sagen müssen, welche dich liebt. Wenn du es errätst, wird sie deine Frau werden. Wenn du dich täuschst, wirst du gehängt.«

Der arme Querpfeifenspieler war verlegener denn je. Eine Königstochter heiraten, das war es nicht, was ihm Sorge machte. Aber nie hatte er auch nur eines der Mädchen gesehen, weder von fern noch von nah. Wie sollte er jene erkennen, die ihn liebte? Traurig wendete er sich ab und dachte, dass für ihn mit diesem Mal alles zu Ende sei.

Plötzlich flog ihm eine Biene entgegen und fragte, was ihm Böses zugestoßen sei, weil er so erbarmungswürdig aussehe. »Ich habe keinen Grund zu jauchzen!«, antwortete der Bursche. Und er erzählte ihr sofort die Geschichte und fügte hinzu, dass er sich wohl verloren sehe und ihm nichts zu Hilfe kommen könnte. »Gerade da täuschst du dich«, sagte die Biene. »Erinnerst du dich, dass du mich eines Tages auf deinem Wege gefunden hast, als ich mir gerade einen Flügel zerrissen hatte und du mich zum Wabenstock zurückgebracht hast? Du hast mir das Leben gerettet und so will ich dir jetzt den gleichen Dienst erweisen. Wenn der König morgen früh mit seinen drei Töchtern in die Kirche einzieht, werde ich da sein. Du wirst mich um den Kopf von einer fliegen sehn, bis sie ihr Taschentuch herausholen und mich damit verjagen wird. Schaue gut hin und täusche dich nicht, denn auf diese wirst du vor dem König zeigen müssen.« So sprach die Biene.

Der Querpfeifenspieler wollte sich bei ihr bedanken, aber als er den Mund auftat, war sie schon verschwunden. Er ging seinen Weg weiter und kam zufrieden und heiter zu Hause an.

Am nächsten Morgen, als man zur Messe läutete, kam der König mit seinen drei Töchtern in die Kirche. Die drei sahen einander sehr ähnlich, waren wohlgebaut und bildschön. Der Querpfeifenspieler war ganz verzückt und folgte mit ein paar Schritten Abstand. ›Niemals‹, dachte er, ›wird eine dieser hübschen Damen meine Frau werden!‹

Als sie aber Platz genommen, bemerkte er sofort die Biene, die zur abgemachten Stunde eintraf. Sie flog geradeaus zu einer der Töchter und summte immer näher um ihre Haare und ihr Gesicht. Sie kam sogar bis an die Augenlider, sodass die Königstochter ihr Taschentuch herausholte und die Biene verjagte. Da erhob sich der Bursche sehr rasch und sagte zum König: »Jene, welche mit ihrem Taschentuch eine Biene von ihrem Haar verjagt, die ist es, die mir zugetan ist.« Kaum waren seine Worte zu Ende, da flog die Biene mit heiterem Summen davon. In diesem Augenblick ergriff der König das Wort: »Es stimmt, die ist es und da du es erraten, ist sie dein und du kannst sie heiraten.« So sah der Querpfeifenspieler das Ende seiner Pein und was noch schöner war: Er heiratete die Königstochter, die in ihn verliebt war.

Der Prinz mit der Flöte

Ein Märchen aus der Slowakei

Es war einmal ein König, der hatte einen Garten, so schön, wie es auf der Welt nicht seinesgleichen gab. In diesem Garten wuchs ein mächtiger Baum, gerade wie eine Tanne und grün wie eine Linde. Wer immer in den Garten kam, ließ seine Augen zuerst auf diesem Baum ruhen und konnte sich nicht satt sehen. Einmal sagte der König: »Ich würde viel darum geben, wenn einer mir kundtun könnte, wie der Baum sich nennt und was er für Früchte trägt.«

Gelehrte Leute aus dem ganzen Land kamen, besahen den Baum von allen Seiten, aber zu sagen wussten sie nichts. Plötzlich trat ein alter Mann auf den König zu und sprach: »Ihr bemüht Euch vergeblich, der Baum gibt Euch sein Geheimnis nicht preis. Als ich selber noch ein kleiner Junge war, da erzählte mir ein uralter Mann, dass dieser Baum in der Welt nicht seinesgleichen habe und dass er Früchte trage, wie sie die Menschheit noch nicht gesehen hat. Vor Mitternacht beginnt er zu knospen, eine Weile später zu blühen und dann reifen an ihm goldene Früchte. Um Mitternacht werden sie ihm abgenommen, ich weiß nicht von wem.«

Der König dankte dem alten Mann. »Wenn dem so ist«, sagte er, »dann werde ich das Geheimnis enträtseln. Der Baum gehört mir und seine Früchte auch.« Dann wandte er sich an seine drei Söhne. »Wer von euch will als Erster die Nachtwache übernehmen?« – »Ich unterziehe mich der Aufgabe«, meldete sich der Älteste.

Es kam der Abend, der Prinz lud sich seine Freunde ein, sie nahmen Speise und Trank mit in den Garten, machten ein Feuer unter dem Baum und begannen zu essen und zu trinken und zu singen und zu lachen und es kam ihnen kein Schlaf in die Augen. Vor Mitternacht entdeckten sie Knospen an dem Baum. Nach einer Weile blühten die Knospen auf und noch ein wenig später verwandelten sich die weißen Blüten in glänzende Kügelchen. Die wurden sichtlich größer und bald waren es schöne goldene Äpfel, die wie Sterne glänzten.

Alle drängten sich um den Baum, jeder wollte als Erster einen goldenen Apfel pflücken, doch da – ein Blitz, ein Krach, ein Sturmwind, Regen und Finsternis brachen ein, es war, als ob die Welt untergehen wollte. Der Prinz und seine Freunde wussten vor Angst nicht mehr, wo sie sich befanden. Nach einer Weile beruhigte sich das Unwetter, der Regen hörte auf und am Himmel standen wieder der Mond und die Sterne. Alle schauten auf den Baum, aber von den Äpfeln war keine Spur mehr zu sehen.

Der König erwartete voll Ungeduld seinen ältesten Sohn, aber der Prinz kam mit leeren Händen. Als er dem König alles erzählt hatte, was sich zugetragen hatte, da meldete sich der zweite Sohn. Er wolle in dieser Nacht wachen. Dem König war es recht. Der Prinz ließ Speise und Trank in den Garten tragen und begann mit seinen Freunden unweit des Baumes ein lustiges Gelage.

Mitternacht nahte. Die Knospen quollen auf, fingen an zu blühen, blühten ab und die goldenen Früchte begannen zu reifen und groß zu werden. Die Jünglinge wollten gerade auf den Baum zulaufen, da wurde es plötzlich so kalt, dass ihre Gesichter im Frost brannten. Unter den Füßen hatten sie glattes Eis, sie fielen bei jedem Schritt nieder, die Hände erstarrten, die Kälte drang ihnen durch die Kleider. Beinahe wären sie erfroren und in der völligen Finsternis, die hereingebrochen war, wussten sie nicht, wohin sie sich wenden sollten. Aber das alles dauerte nicht lange. Bald wurde es wärmer, das Eis schmolz, die Dunkelheit wich und in dem klaren Himmel glänzten die Sterne und der Mond. Die jungen Leute schauten auf den Baum und es war kein einziger goldener Apfel mehr zu sehen.

Der König war sehr enttäuscht, als auch sein zweiter Sohn mit leeren Händen zurückkkam, und er wollte das Unternehmen schon aufgeben. Aber da meldete sich der jüngste Sohn zur Nachtwache.

Vor dem Abend ging der junge Prinz in den Garten. Er ging ganz allein, nur seine Flöte hatte er mitgenommen. Nahe dem Baum blieb er stehen. Der Abend war still, nicht ein Blatt bewegte sich. Er begann zu spielen, erst langsam, dann rascher, bald waren die Weisen bittend, dann voller Sehnsucht, dann fröhlich und dann weihevoll. Plötzlich begann der Baum zu knospen, zu blühen und seine goldenen Früchte wuchsen. Der junge Prinz sah das und je schöner der Baum wurde, desto schöner und inniger erklang des Jünglings Flötenspiel.

Nun war die Mitternacht da. Und mit dem zwölften Glockenschlag stand eine wunderschöne goldene Frau unter dem Baum und begann die

Früchte zu pflücken. Der Königssohn konnte die Augen nicht von ihr wenden. Die Flöte entglitt seinen Händen, er schaute und schaute. Als die goldene Frau alle Früchte gepflückt hatte, lächelte sie, neigte ihr Haupt und sagte mit süßer Stimme: »Du hast eine schwere Aufgabe bewältigt. Dein Flötenspiel hat dein unschuldiges Herz enthüllt. Darum durftest du mich sehen. Nun höre, von jetzt an wirst du die goldenen Früchte ernten, aber nicht mehr um Mitternacht, sondern am Nachmittag.« – »Wer bist du?«, fragte der Jüngling. »Man nennt mich Berona und ich wohne in der Schwarzen Stadt«, antwortete sie und verschwand.

Leid ergriff den jungen Prinzen. Er lief ins Schloss und der König hob freudig die Hände und streichelte seinen Sohn, als er von ihm gehört, was er in dieser Nacht erlebt hatte.

Wie es die goldene Frau gesagt hatte, so geschah es. Der Königssohn konnte an jedem Nachmittag die goldenen Äpfel ernten, aber er wurde dabei immer stiller und trauriger. Schließlich gestand er dem Vater, dass er Berona suchen wolle. »Gut, mein Sohn«, sprach der König, »du sehnst dich nach dem Mädchen und findest nirgends Ruhe, so geh mit Gott.«

Über Berge, Felder und Flüsse, durch viele Länder kreuz und quer zog der junge Prinz, aber von Berona fand er nirgends eine Spur. Nun war er schon beinahe ans Ende der Welt gekommen. Da sah er auf einer Wiese drei Teufel miteinander streiten. Um einen Mantel, ein Paar Stiefel und eine Peitsche ging der Zank. Sie schrien, dass der Prinz beinahe taub wurde.

»Brüllt nicht so! Einer soll mir sagen, warum ihr euch nicht vertragen könnt, die andern sollen schweigen«, sagte der Prinz. »Nun, so höre«, sagte der älteste der Teufel. »Mantel, Stiefel und Peitsche haben wir vom Vater geerbt. Wer sich in den Mantel hüllt, wird unsichtbar. Wer die Stiefel anzieht, kann durch die Luft fliegen. Wer mit der Peitsche knallt, der landet dort, wo er sein will. Diese drei Dinge sollen wir untereinander teilen, aber jeder von uns will alle drei allein besitzen.« – »Das seh ich ein«, sagte der junge Prinz. »Darum legt die Sachen da nieder, geht dorthin zu jenem Baum und dann beginnt ein Wettlaufen zu mir her. Wer zuerst ankommt, dem sollen alle drei Gegenstände allein gehören.«

Die Teufel waren mit diesem Vorschlag einverstanden, legten die Sachen neben den Prinzen und begaben sich zu dem angezeigten Baum. Kaum hatten sie dem Jüngling den Rücken gekehrt, da schlüpfte er in

den Mantel, zog die Stiefel an, knallte mit der Peitsche und sprach dabei: »In die Schwarze Stadt will ich fliegen, zur goldenen Frau.« Im gleichen Augenblick erhob er sich in die Luft. Als er gerade über den Köpfen der drei Teufel stand, schrie er zu ihnen hinunter: »Kommt mir nach in die Schwarze Stadt, dort will ich euch eure Sachen zurückgeben.« Dann flog er weiter. In wenigen Augenblicken sah er sich in der Schwarzen Stadt und vor einem großen Haus sank er zur Erde hinunter.

Er trat ein und nach ein paar Schritten schon stand er vor der Ersehnten. Sie wollte ihren Augen nicht trauen. Denn sie hatte nicht gedacht, dass er den Weg zu ihr finden könne. Aber da er es vollbracht hatte, war sie glücklich, hieß ihn willkommen und machte ihn zum Herrn über sich und über das ganze Land.

Es kamen aber auch die drei Teufel. »Her mit dem Mantel, den Stiefeln, der Peitsche«, brüllten sie. Der Königssohn gab ihnen, was ihnen gehörte, und riet ihnen, beisammenzubleiben und sich ihrer Schätze gemeinsam zu bedienen. Da wurden sie ganz sanft, dankten ihm schön und zogen vergnügt miteinander ab.

Von einem, der flöten ging

Ein Märchen von Ludwig Bechstein

Es zogen einmal drei junge Musikanten aus ihrer Heimat in die Fremde. Sie hatten alle drei bei ein und demselben Meister die Musik gelernt und wollten nun auch vereint bleiben und ihr Glück in fremden Landen versuchen. Von Ort zu Ort wanderten sie fröhlich dahin, spielten auf zu Kirmes- und Festtagstänzen und gewannen durch ihre lustigen Musikstücklein gar manchen schweren Batzen, neben dem stillen und lauten Beifall.

So kamen sie denn auch einmal in ein Städtchen und belustigten am Abend die Gesellschaft mit schöner Musik. Endlich hörten sie auf zu spielen, tranken eines, taten manchem Bescheid und gaben auch zum Gespräch der Gäste ihren Teil. Da wurde mancherlei Verwunderliches durcheinander geplaudert und erzählt. Zunächst ging die Rede von einem Zauberschloss, welches sich angeblich in der Nähe des Städtchens befand, und von welchem ebenso viel Wunderschönes als Wunderbares erzählt wurde. Bald hieß es: Ja, dort sind ungeheure Schätze, dort ist stets Überfluss an den köstlichsten Lebensmitteln, obgleich keine Menschenseele darinnen wohnt. Bald hieß es wieder: Aber dort ist ein schrecklicher Gespensterspuk. Wer seinen Buckel weiß hineinträgt, bringt ihn braun und blau gefärbt wieder heraus, ohne die Schätze gehoben oder den Zauber gelöst zu haben. Dies und vieles andere wurde hin und her geredet über das verzauberte Schloss.

Die drei Musikanten waren kaum allein in ihrem Schlafkämmerlein, als sie sich lange unterredeten und zugleich den Gedanken fassten, das rätselhafte Schloss sich näher zu besehen, ja sogar sich hineinzuwagen, um möglicherweise die dort verborgenen und verzauberten Schätze zu heben. Nun wurden sie einig unter sich, dass ein jeder einzeln, einer nach dem andern, sich hineinwagen sollte, je nach Alter, und dass einem jeden ein ganzer Tag dazu vergönnt sein sollte, sein Abenteuer zu bestehen.

Der erste Glücksversuch fiel dem Geiger zu. Der machte sich mutig und ohne Säumen auf das Schloss und fand, als er dort anlangte, die Eingangspforten schon offen, als ob man seiner geharrt hätte. Doch als er über die Schwelle geschritten war, schlug hinter ihm die schwere Tür zu und es sprang ein riesiger Eisenriegel vor, obgleich kein lebendes Wesen zu erblicken war, doch als wenn ein strenger Pförtner hier sein Amt verrichte und Wache halte. Dem Geiger kam ein Grausen an, sodass sein Haar sich sträubte. Aber er konnte weder umkehren noch verweilen und es kräftigte ihn wieder der Gedanke an das zu hoffende Glück, an Gold und Schätze. Treppe auf, Treppe ab wanderte der Jüngling, durch herrliche Zimmer, kostbare Säle, trauliche Kabinettchen – alles prachtvoll ausgestattet und in der schönsten Sauberkeit erhalten. Aber überall war eine Totenstille, auch nicht das kleinste Mückchen lebte und wohnte hier.

Doch dem Jüngling wuchs der Mut aufs Neue, zumal als er den unteren Räumen, Küche und Gewölben, sich zuwandte, wo in Fülle die seltensten und köstlichsten Speisevorräte vorhanden waren, in den Gewölben die Weinflaschen hoch aufgespeichert lagen und alle Sorten süßer eingemachter Früchte in großen Gläsern nach der Reihe standen. In der schönen blanken Küche knisterte vertraulich ein helles Feuerlein und darüber wurde von unsichtbarer Hand ein Bratrost gesetzt und ein ausgesuchtes Wildbretfleisch tanzte aus dem Gewölbe herein in die Küche und auf den Rost. Viele andere Speisen, feine Gemüse und Pasteten und köstliches Backwerk, wurden ebenso schnell als kostbar von unsichtbaren Händen zubereitet und dann in eins der schönsten Zimmer, wohin sich der Jüngling begeben hatte, ihm nachgetragen und auf einer gedeckten Tafel vor ihm ausgesetzt.

Der Jüngling ergriff zuerst sein Instrument und ließ klangvoll seine schönen Melodien durch die stillen Räume schallen, worauf er sich dann ohne Zaudern zur einladenden Tafel setzte und zu schmausen anfing. Doch nicht lange, so öffnete sich die Tür und es trat ein Männlein herein, drei Ellenbogen hoch, mit einem Scharlachröcklein angetan, mit verwelktem Gesichtlein und einem grauen Bart, der bis auf die großen silbernen Schuhschnallen reichte. Das Männlein setzte sich schweigend neben den Geiger und schmauste mit.

Als nun die Reihe an den schönen Wildbretbraten kam, nahm der Geiger die Schüssel und nickte dem Männlein zu, doch zuerst zuzulangen, und dieses spießte lächelnd ein Stück Fleisch an die Gabel und nickte wieder und ließ dabei das Bratenstückchen unter den Tisch fallen. Gefällig bückte sich da gleich der gute Geiger, um es wieder aufzuheben.

Aber im Nu saß ihm schon das Bartmännlein auf dem Rücken und bläute so unbarmherzig auf ihn los, als ob es ihm das Lebenslicht ausblasen wolle. Und auch des Geigers Mund wurde zugehalten, bis unter unaufhörlichen Prügeln derselbe zur großen Eingangspforte hinausgeschoben wurde.

Draußen schöpfte der halbtote Geiger frischen Atem und schlich dann ächzend dem Gasthof zu, wo die Kameraden geblieben waren. Es war schon Nacht, als er ihn erreichte und jene beiden schliefen bereits. Am andern Morgen sahen sie ganz erstaunt den Geiger ebenfalls im Bette liegen und bestürmten ihn bald mit vielen Fragen. Doch er kraute sich Kopf und Rücken, gab sehr kurze Antworten und sprach: »Geht hin und seht selber zu! Es ist eine kitzliche Sache.«

Der zweite Musiker, ein Trompeter, trat nun den Gang zu dem Zauberschloss an, fand alles ebenso wie das gebläute Geigerlein und wurde auch ebenso bewirtet mit Pasteten und Prügeln, sodass er am folgenden Morgen ebenfalls wie ein geprellter Fuchs auf seinem Lager lag und klagte, es sei ihm absonderlich aufgespielt worden, aus grober Tonart.

Dennoch hatte der dritte, ein Flötenbläser, noch Mut genug, um sein Heil im Zauberschloss zu versuchen. Er war der pfiffigste. Furchtlos durchwanderte er das ganze Schloss. Es kam ihm recht angenehm vor, diese schönen Räume für immer zu besitzen. In Küche und Keller war ja Vorrat an Lebensmitteln in Hülle und Fülle. Bald wurde auch für ihn eine kostbare Tafel gedeckt und als er lange genug fröhlich singend und Flöte blasend herumgewandert war, nahm er Platz und ließ es sich behagen.

Da trat wieder das Bartmännlein herein und setzte sich neben den Gast. Der unerschrockene Musikant ließ sich mit ihm in ein Gespräch ein und tat gerade, als ob er ihn schon hundertmal hier getroffen, doch war das Männlein nicht sehr redselig. Endlich kam es wieder an den Braten und das Männlein ließ wieder mit Absicht sein Stück fallen. Gutmütig war eben der Flötenbläser im Begriff es aufzunehmen, als er gewahrte, dass das Zwerglein flugs auf seinen Rücken springen wollte. Da wandte er sich rasch um, riss es von sich und packte und schüttelte das Männlein an seinem Bart so derb, bis er denselben zuletzt ganz herausriss und der kleine Alte ächzend niederstürzte.

Aber sowie der Jüngling den Bart in seinen Händen hatte, überkam ihn eine außerordentliche Kraft und er erschaute im Schloss noch viel wunderbarere Dinge als vorher. Dagegen hatte das Männlein fast alles Leben verloren. Es winselte und flehte: »Gib, o gib mir meinen Bart wieder, so will ich dir allen Zauber, der dieses Schloss umfasst, kundtun und dir dazu verhelfen, den Zauber zu lösen, sodass du dadurch reich und ewig glücklich werden wirst.« Der kluge Flötenbläser aber sprach: »Deinen Bart sollst du wiederhaben, doch musst du mir zuvor alles dies kundtun, sonst bist du ein Schalk. Und eher gebe ich den Bart nicht aus meinen Händen.«

Da musste der Alte sich bequemen, erst sein Versprechen zu erfüllen, obwohl er es gleich nicht willens gewesen war, sondern nur mit List seinen Bart wieder an sich bringen wollte. Der Jüngling musste ihm nun folgen, durch dunkle geheime Gänge, unterirdische Gewölbe und grauliche Felsklüfte, bis sie endlich auf ein freies Gefilde kamen, das gänzlich aussah wie eine viel schönere Welt als die unsrige. Dann kamen sie an einen Strom, der brauste wild. Doch das Männlein zog einen kleinen Stab hervor und schlug ins Wasser, worauf alsbald die Flut auseinander trat und stille stand, bis beide trockenen Fußes hinüber waren.

Drüben war es eine Pracht! Da ging es weiter durch grüne, herrliche Laubgänge, überall Blumen, Vöglein mit Silber- und Goldfedern, die sangen wundersam, und glänzende Käfer und Schmetterlinge gaukelten und tanzten herum und andere niedliche Tiere schäkerten in Büschen und Hecken. Und der Himmel über ihnen sah nicht blau, sondern wie pure Goldstrahlen aus und die Sterne waren viel größer und kreisten wie in verschlungenen Tänzen durcheinander.

Der Jüngling staunte und staunte noch mehr, als er von dem grauen Zwerglein in ein noch weit prachtvolleres Gebäude als das Wunderschloss geführt wurde. Auch hier herrschte neben aller Herrlichkeit die tiefste Stille in den Gemächern und als sie deren viele durchwandert hatten, kamen sie in eins, welches ganz mit Schleiern behangen war, wo in der Mitte des Zimmers ein dicht verhülltes Bett stand, darüber ein schöner Vogelbauer hing mit einem Vöglein, welches die hübschesten Lieder durch die einsame Stille schmetterte.

Das graue Männlein hob die Schleier und Hüllen vom Bett und führte den Jüngling näher. Dieser sah hier auf weichen seidenen Kissen, die reich mit Goldtroddeln behangen waren, ein liebliches Mädchen schlafend daliegen, das war so schön wie ein Engel, hatte ein weißes Kleidchen an und über seine Brust und Schultern wallten die goldenen Locken herab und auf dem Haupte blitzte eine diamantene Krone. Aber ein tiefer totenähnlicher Schlaf hielt die sanften Züge gefangen und kein Geräusch vermochte die holde Schläferin zu erwecken.

Da sprach das Männlein zu dem verwunderten Jüngling: »Siehe hier dieses schlafende Kind! Es ist eine hohe Prinzessin. Dieses schöne Schloss und dieses gesegnete Land ist ihr Erbgut, wenn sie erlöst ist. Aber seit Jahrhunderten schläft sie den festen Zauberschlaf und auch seit Jahrhunderten fand noch keine menschliche Seele den Weg, der hierher führt, den nur ich täglich zurücklegte, um dort im Schloss, welches meine Wohnung ist, zu speisen und etwa die goldgierigen Menschen, die sich einfanden, mit einem Gericht Prügel zu bedienen. Ich bin der Wächter über diese Schläferin und musste sorgfältig verhüten, dass ein Fremder hier eindringe, und dazu ward mir mein Bart, in welchem solche übermäßigen Kräfte wohnen, dass auch ich ebenfalls seit Jahrhunderten diesen Zauber zu üben vermag. Doch nun, wo mir der Bart entrissen, bin ich kraftlos und muss dieses überschwängliche Glück, welches mit der holden Prinzessin erwacht, dir überlassen. Und so schicke dich rasch zur Ausführung des Erlösungswunders. Nimm diesen Vogel, der über der Prinzessin hängt und der sie einst in den Zauberschlummer gesungen hat und seitdem jene Melodien auch immerfort singen musste – nimm ihn, schlachte ihn und schneide ihm das kleine Herz aus, brenne es dann zu Pulver und gib dieses der Prinzessin in den Mund. Alsbald wird sie davon erwachen und wird dich beglücken mit Hand und Herz, mit Land und Schloss und allen ihren Schätzen!«

Das Männlein schwieg erschöpft und der Jüngling säumte nicht, an das Werk der Erlösung zu gehen. Schnell und gut wurde alles getreu nach der Angabe des kleinen Alten ausgeführt und das Pülverlein bereitet. Nach wenigen Minuten, als es der Prinzessin gegeben war, schlug sie frisch und lächelnd die Augen auf und hob sich vom Lager empor und sank dem glücklichen Jüngling an die Brust, liebkoste und dankte ihm und nahm ihn zu ihrem Gemahl an. Und in demselben Moment zog ein Donnern und Krachen durch das Schloss, auf allen Treppen wurde es laut und in allen Zimmern wurde es geräuschvoll. Und endlich kam eine Schar Diener und Dienerinnen mit freundlichen Gesichtern in das Zimmer getreten, in welchem das glückliche Paar weilte, und alle freuten sich und flogen dann flink und froh in die Küchen und Kellerräume, in Zimmer und Säle und Gänge an ihre Arbeit und waren alle wie neugeboren.

Das graue Zwerglein aber heischte nun streng seinen Bart von dem Jüngling und gedachte immer noch in seinem boshaften Herzen dem Glücklichen einen Possen zu spielen. Denn wenn ihm der Bart erst wieder am Kinn saß, hatte er Macht, alle Sterblichen zu überwältigen. Allein der kluge Flötenbläser gebrauchte noch immer Vorsicht mit dem tückischen Männlein und sprach: »Oh, deinen Bart sollst du wiederhaben. Sei nicht bange, ich will ihn dir zum Abschied überreichen. Aber erlaube, dass wir beide, meine holde Braut und ich, dich eine kleine Strecke begleiten dürfen.« Das konnte das Männlein nicht verweigern.

Sie gingen nun weit durch schöne Laubgänge und Blumenbeete mit dem Zwerg und kamen endlich an das ungeheuer tiefe, rauschende Wasser, welches viele, viele Meilen weit in der Runde um das Land der Prinzessin strömte und gleichsam die Grenzscheidung bildete. Keine Brücke und kein Nachen war rings vorhanden, worauf Menschen das jenseitige Ufer erreichen konnten. Auch kein kühner Schwimmer hätte es errungen, denn die Wellenflut war zu tosend und wild. Da sprach der Jüngling zu dem Männlein: »Gib mir deinen Stab, auf dass ich dir diesmal noch zur Ehre das Wasser auseinander scheide.« Und das Männlein musste gehorchen, weil es seine Bartkräfte noch nicht wieder hatte, und dachte auch im Stillen noch in hämische Freude: ›Wenn er mir drüben, über dem Wasser, den Bart überreicht, so bekomme ich ihn doch in meine Gewalt, nehme ihm dann den Stab wieder ab und beide können ihr wunderschönes Land nie betreten.‹

Der kluge, glückliche Jüngling schlug mit dem Stab ins Wasser, es teilte sich behende und stand stille und der Zwerg ging voran und ging hinüber und schnell hinter ihm brausete die Flut zusammen. Aber der Jüngling war mit seiner lieben Braut am andern Ufer zurückgeblieben, er behielt den Zauberstab und schleuderte nur den Bart übers Wasser, sodass ihn der Zwerg drüben auffing und sich ihn wieder ansetzte. So war der Alte doch um seinen Zauberstab betrogen und durfte hinfort nimmer wieder das herrliche Gebiet betreten. Der glückliche Jüngling kehrte zurück ins Schloss mit seiner Holden, zu steter Freude und Glückseligkeit. Und keine Sehnsucht kam ihm in sein Herz, je wieder zu seinen Kameraden zurückzukehren. Die saßen lange im Wirtshaus und als jener nicht wiederkam, sprachen sie: »Der ist flöten gegangen« – und das ist hernach zum Sprichwort geworden, wenn einer oder eine Sache abhanden und nicht wieder kommt.

Die Drachenprinzessin und San-lang

Ein Märchen aus China

Es lebte einst ein braver Jüngling namens San-lang. Er hatte ein gutes Herz, das muss ich euch wohl nicht erst sagen. Dieser Jüngling sollte ein Mädchen aus der Nachbarschaft zur Frau nehmen, doch der Nachbar wurde reich und sagte sich: ›Was, nun bin ich ein großer Herr und da soll ich meine Tochter der Not preisgeben?‹ Und so erklärte er, dass er seine Tochter einem solchen Habenichts auf keinen Fall zur Frau geben wolle. Nun, was konnte man da tun?

Als San-lang das erfuhr, bedeckte er sein Antlitz mit den Händen und weinte. Aber dann erinnerte er sich an seine treue Gefährtin – die Flöte, die ihm der gottselige Vater einst geschenkt und die ihn das ganze Leben lang begleitet und getröstet hatte. Er wusste ihr alle Melodien zu entlocken, heitere und übermütige, dass die Pfauen herbeigeflogen kamen und sich vor ihm aufplusterten, aber auch traurige und bange, bei denen den Menschen die Tränen in die Augen traten. Ja, sogar die steinernen Löwen weinten.

Einmal spielte San-lang wieder auf, als gerade der Bauer vorüberkam, der ihn nicht zum Schwiegersohn haben wollte. »Da seht nur«, sagte einer der Menschen, »dieser Bauer hat San-lang seine Tochter nur deshalb nicht zur Frau gegeben, weil er arm ist.« Das ärgerte den Bauern und auf der Stelle befahl er seinen beiden Bütteln, San-lang noch heute Nacht ins Meer zu werfen.

Wirklich pochte an jenem Tag spätabends jemand an die Tür von San-langs Behausung. San-lang öffnete und ehe er sich noch von seinem Schrecken erholen konnte, packten ihn die Büttel, steckten ihn in einen Sack und trugen ihn zum Meer. »Onkelchen, ich bitte Euch«, sagte San-lang, als ihn die Büttel schon ins Meer werfen wollten, »Onkelchen, ich bitte euch, gestattet mir, dass ich noch ein allerletztes Mal meine Flöte spiele.« Die Büttel sahen einander an. Entkommen konnte er ihnen nicht, also waren sie schließlich einverstanden. »Weißt du was«, sagten sie, »wir gestatten es dir, aber du musst so spielen, dass wir Pfauen sehen.«

San-lang hob die Flöte an seine Lippen. Alle Bitternis, allen Schmerz, allen Zorn legte er in sein Spiel und die Flöte sang, schluchzte, klagte und weinte. Eine schreckliche Musik war das und sie tat den Bütteln in den Ohren weh. »Hör auf, hör mit dieser verdammten Musik auf«, schrien die Büttel, »das kannst du auf dem Meeresgrund dem Drachenkönig vorspielen!« Und die Flöte schluchzte und jammerte. Da konnten es die beiden Büttel nicht länger aushalten, sie ergriffen San-lang und ... – Ihr glaubt, sie warfen ihn ins Meer? Nein, sie taten es nicht, denn in diesem Augenblick ereignete sich etwas höchst Seltsames. Gerade, als die beiden Büttel San-lang ins Meer werfen wollten, donnerte und blitzte es, die Erde dröhnte, auf dem Meer türmten sich riesengroße Wellen auf und der Mond verschwand hinter den Wolken.

Da tauchte weit draußen auf dem Meer etwas Schwarzes auf, es kam näher und näher und als sich dieses Schwarze dem Ufer näherte, sahen die Büttel und San-lang, dass da niemand anders als die Amme der Drachenprinzessin herbeigeschwommen kam, Frau Sepia. Nun streckte Sepia ihren langen schwarzen Arm aus, packte den einen Büttel und – bums – schleuderte sie ihn weit, weit fort. Sie streckte den zweiten schwarzen Arm aus und der zweite Büttel folgte seinem Kameraden.

»Der Drachenkönig schickt mich«, sagte Sepia, »er hat dein Spiel vernommen und es hat ihm so gefallen, dass er dich zu sich in seinen Meerespalast einlädt. Du brauchst keine Angst zu haben«, fuhr sie fort, als sie den Schrecken in San-langs Antlitz merkte, »steig auf meinen Rücken und sogleich werden wir im Palast sein.« San-lang gehorchte und Sepia tauchte ins Meer. Das Wasser teilte sich vor ihr und hinter ihr schloss es sich wieder. Es dauerte nicht lange, da gelangten sie zu einem Kristallpalast. War das eine Pracht! Und inmitten all dieser Pracht saß auf einem Thron aus Elfenbein der mächtige Beherrscher der Wasser selbst, der Drachenkönig.

»Wer bist du, Jüngling«, fragte er, »und wie heißt du? Die Klänge deiner Flöte sind so zauberhaft schön und haben eine solche Macht, dass der Kristallpalast in seinen Grundfesten erbebte und eine Korallensäule eingestürzt ist. Spiel auf, Jüngling, spiel noch einmal auf, lustig oder traurig, wie du selbst es willst. Und du, Sepia«, wandte er sich an die alte Amme, »führ meine Töchter herein, damit sie etwas lernen.« San-lang ließ sich nicht lange bitten, er legte die Flöte an die Lippen und begann zu spielen.

Da ging die Tür auf und die Prinzessinnen traten ein. San-lang verschlug es den Atem. So viel Schönheit hatte er noch nie gesehen. Die

erste, die älteste, war schön wie ein Bild, die zweite, mittlere, war noch schöner und die dritte, nun, also, kurz und gut, San-lang ließ vor Aufregung fast die Flöte auf den Boden fallen. Auch die drei Prinzessinnen hielten Flöten in den Händen. San-lang stimmte vor Freude ein lustiges Lied an und er spielte und spielte. Nach einer Weile begann der Drachenkönig auf seinem Thron aus Elfenbein herumzurutschen, Frau Sepias linker Fuß begann zu zucken, die Prinzessinnen begannen im Takt zu hüpfen und dann schwebten sie auch schon wie leichte Schmetterlinge durch das Gemach des Drachenkönigs. Da hielt es der Drachenkönig nicht länger aus, er packte die alte Amme, Frau Sepia, und drehte sich mit ihr im Kreise. War das ein Reigen! Seitdem das Wasserkönigreich bestand, hatte es nie etwas Ähnliches gegeben.

Die Flöte verstummte und die Tanzenden blickten wie betrunken um sich. Als Erster fasste sich der Drachenkönig. »Meine Kinder«, sagte er, »was ihr da gehört habt, ist zwar eine irdische, aber eine außergewöhnliche Musik und dieser Jüngling hier wird von heute an euer Lehrer sein. Nun zeigt ihr ihm, was ihr könnt.« Die Prinzessinnen zierten sich ein Weilchen, doch schließlich willigten sie ein. Als Erste begann die älteste zu spielen. Der Drachenkönig ließ sich nieder, lehnte den Kopf auf den Elfenbeinstuhl und allmählich begannen ihm die Augen zuzufallen. Nach einer Weile schlief er. Als das die älteste Tochter sah, drehte sie sich um und schritt aus dem Gemach. Die zweite Prinzessin hob zu spielen an. Da begannen der alten Amme, Frau Sepia, die Augen zuzufallen und es dauerte nicht lange, da schlief auch sie tief und fest. Darüber war die zweite Prinzessin so erbost, dass sie das Gemach verließ.

Dann begann die dritte Prinzessin zu spielen. Doch was war das? Kaum hatte sie die Flöte an die Lippen gelegt, erwachte der Drachenkönig aus seinem Schlaf und ebenso die alte Amme. Ihre Augen leuchteten auf und ehe man bis drei zählen konnte, fingen die Beine von selbst zu tanzen an.

Als die Prinzessin zu Ende gespielt hatte, sprach der Drachenkönig: »Meine liebe Tochter, du spielst nicht schlecht, aber mit diesem irdischen Jüngling da kannst du dich nicht messen. Bei deinem Spiel erbebt der Palast nicht und keine Säule stürzt ein. Nimm ihn, meine geliebte Tochter, zum Lehrer.« So geschah es auch. Seit dieser Zeit nahm die jüngste Tochter des Drachenkönigs mit Feuereifer bei ihrem irdischen Lehrer Unterricht.

Nach einiger Zeit begab es sich, dass sie wieder vor ihrem königlichen Vater spielte und da erbebte der Kristallpalast in seinen Grundfesten und die Säulen wackelten bedenklich. »Genug, genug«, rief der König, »herrlich spielst du, meine Tochter!« Mit neiderfüllten Herzen vernahmen die beiden älteren Prinzessinnen dieses Lob.

Am nächsten Tag, als die jüngste Prinzessin wieder mit San-lang das Flötenspiel übte, traten die beiden älteren Töchter vor den Drachenkönig hin und sprachen: »Vater, du bist blind, weil du nicht siehst, was um dich geschieht. Deine jüngste Tochter will mit San-lang auf das Festland fliehen.« – »Unmöglich«, rief der Drachenkönig und sein Antlitz rötete sich vor Zorn. »Auf der Stelle ruft ihr sie her! Und die Amme ebenfalls! Da passt mir diese alte Sepia aber schön auf!«

Nach einer Weile trat die jüngste Drachenprinzessin in Begleitung der verschreckten Amme vor ihren Vater hin. »Missratene Tochter«, donnerte der König, »was muss ich da erfahren? Auf der Stelle gestehst du, ob es stimmt, dass du mit diesem Erdenwurm San-lang auf das Festland fliehen willst!« – »Ja, Vater«, sagte die Prinzessin stolz, »ich liebe ihn und will mein Leben lang bei ihm bleiben.« – »Unglückselige«, rief der König, »das ist dein Verderben! Du stammst aus dem Geschlecht der Drachen und kannst fünfhundert Jahre lang leben. Der elenden Erdenwürmer Los hingegen ist es, nicht einmal hundert Jahre alt zu werden.« – »Das weiß ich«, sagte die Prinzessin ruhig, »doch ich kann ohne ihn nicht sein.« – »Wehe«, jammerte der König, »dein kühles Drachenherz hat sich bereits in ein heißes Menschenherz verwandelt, sonst könntest du nie und nimmer so reden. – Amme«, wandte er sich an Sepia, »ich überantworte sie deiner Fürsorge. Passe gut auf sie auf und lass sie keinen Schritt aus dem Palast!«

Dann berief der Drachenkönig den General Krabbe zu sich und befahl ihm, San-lang auf eine Insel im Westlichen Meer zu schaffen. »Die Insel ist von allen Seiten vom Meer umgeben«, sagte der König, »und um sie verlassen zu können, müssten ihm Schwingen wachsen.« Dann riss er sich ein Haar aus dem Bart und befahl General Krabbe, mit diesem Haar San-lang die Lippen zuzunähen. ›Die Prinzessin hat sich nur deshalb in ihn verliebt, weil er so spielen kann‹, dachte er sich, ›wenn er nicht mehr spielen kann, werden wir schon sehen, was die Prinzessin tut.‹ Es geschah, wie der Drachenkönig befohlen hatte. General Krabbe nähte San-lang den Mund zu, lud sich ihn auf den Rücken und trug ihn auf die Insel im Westlichen Meer.

Zu dieser Zeit sprach die Drachenprinzessin zu ihrer alten Amme: »Amme, ich möchte San-lang sehen.« – »Aber, mein Kind«, versuchte ihr das Sepia auszureden, »was hättest du davon? Komm, ich will dein Herz fühlen. Wahrlich, dein Vater hatte Recht, als er sagte, du hättest ein heißes Menschenherz. Ist das denn bei Drachen möglich? So ein Erdenmensch wird nicht einmal hundert Jahre alt, du aber kannst fünfhundert Jahre lang leben.« – »Ich will keinen Tag mehr leben, wenn du mich nicht sofort zu San-lang bringst«, sagte die Prinzessin trotzig. »Und wenn du nicht mitkommst, so bleib eben hier, dann gehe ich allein.«

Nun, das war zu viel für Sepia! Die Drachenprinzessin war ihr Liebling, was hätte sie nicht alles für sie getan! Und so seufzte die alte Sepia nur und sprach: »Nun, so weit wollen wir es doch nicht kommen lassen. Du weißt doch, dass ich für dich sogar durchs Feuer ginge.«

Da überbrachte jemand von der Wasserdienerschaft die Nachricht, dass der Drachenkönig seine jüngste Tochter mit dem Drachen Dünkelstolz verlobt habe, der nun mit seinem Gefolge in Begleitung von Trommeln und Gongs herannahe. »Wehe uns«, rief die Prinzessin, »wir müssen durch die Hintertür fliehen, um dem Prinzen nicht zu begegnen. Der Prinz isst Sepien und Goldfische, hu, wie abscheulich! Und mit so einem Gatten soll ich fünfhundert Jahre lang leben? Niemals!«

Dann schlüpfte die Drachenprinzessin mit der alten, ergebenen Amme durch die Hintertür hinaus. Doch sie waren noch nicht weit gekommen, da begann der sonst ruhige Wasserspiegel Wellen zu schlagen und im Meer rauschte, heulte und donnerte es. Die alte, erfahrene Sepia erkannte, dass es schlimm um sie beide stand. Prinz Dünkelstolz hatte bereits von ihrer Flucht vernommen und war nun hinter ihnen her.

Sepia versteckte ihren Liebling flink auf einer kleinen Koralleninsel auf dem Meeresgrund, rief ihre recht zahlreiche Verwandtschaft zusammen, tausendundeine Sepia, und sagte: »Teure Kinder, ihr alle kennt den Drachen Dünkelstolz genau. Jeden Tag verspeist er zum Frühstück ein paar Sepien und so hat er schon manch eines meiner Kinder umgebracht. Er ist euer Erzfeind. Heute ist er hinter meinem Liebling her, der jüngsten Drachenprinzessin, die er zur Frau nehmen will. Können wir Sepien da so tatenlos zusehen?« – »Das können wir nicht, das können wir

nicht«, tönte es aus tausendundeinem Sepienmund. Dann bildeten die Sepien eine Reihe und stießen tausendundeine tintenschwarze Wolke aus, sodass der Drache Dünkelstolz mit seinem Tross plötzlich mitten in undurchdringlicher Finsternis steckte. Das nützte die alte Sepia aus, sie schwamm zu der Insel im Westlichen Meer, nahm San-lang auf ihren Rücken, trug ihn zu der Prinzessin und dann brachte sie die beiden sicher auf das Festland.

Kaum hatten die drei das Festland betreten, da waren auch schon die Schwestern der Drachenprinzessin zur Stelle. »Schwesterlein«, sprachen sie, »dein königlicher Vater hat zwar nichts dagegen, dass du auf dem Festland lebst, doch er bittet dich, dass du nach hundert Jahren, wenn San-lang gestorben ist, wieder ins Meer zurückkehrst. Dort wird dich dein Bräutigam erwarten, Prinz Dünkelstolz. Dies hier«, fügten sie hinzu und zeigten auf Achate, Rubine, Perlen, die sie in den Händen hielten, »schickt dir der Vater, damit es dir auf dem Festland gut gehe.« – »Richtet dem Vater aus, dass ich ihm danke«, sagte die Prinzessin, »aber ins Meer kehre ich nie wieder zurück. Ich bleibe für immer bei San-lang und das hier könnt ihr wieder nach Hause mitnehmen.« Mit diesen Worten warf sie alle die Achate, Rubine und Perlen ins Meer. Die Schwestern bedeckten ihr Antlitz mit den Händen und versanken in den hochgehenden Wellen.

Das Meer wurde ruhig, die Wellen glätteten sich. Die Drachen-prinzessin beugte sich über San-lang, zog das Barthaar heraus, mit dem seine Lippen zusammengenäht waren, und warf es ins Meer. »Nein, wirf es nicht ins Wasser, Prinzessin!«, rief die alte Amme. »Das Barthaar ist mit San-langs Blut getränkt und kann euch noch sehr viel Nutzen bringen.« Doch es war zu spät. Der alten Sepia blieb also nichts übrig, als sich ins Meer zu stürzen und das Barthaar zurückzubringen.

Alle drei ließen sich in einem Garten nieder. Doch bald beschlichen San-lang Sorgen. Wie sollte er sie alle drei ernähren? »Zerbrich dir da-rüber nicht den Kopf«, tröstete ihn Sepia, »schaff einen Bottich her in diesen Garten und fülle ihn mit Wasser. Als San-lang getan hatte, wie Sepia ihm geraten, nahm die alte Amme das Barthaar, mit dem San-langs Lippen zusammengenäht gewesen waren, und warf es in den Bottich. Kaum hatte das Haar die Wasseroberfläche berührt, begann der Spiegel sich zu kräuseln und im Wasser tauchte eine Unmenge kleiner Goldfische auf. Alle Sorgen waren gebannt: Die Kunde von den Goldfischen verbreitete sich im Land und bald stellten sich Menschen im Garten ein, um ein paar Fischlein zu ihrem Vergnügen zu kaufen.

Eines Tages kam auch der reiche Bauer in den Garten, der einst San-lang nicht zum Schwiegersohn hatte haben wollen. Als er die Goldfische sah, begann der Neid in seinem Herzen zu keimen. »Wo hast du diese schönen Fischlein her?«, fragte er missgünstig. »Die stammen vom Barthaar des Drachenkönigs«, sagte San-lang gleichgültig. »Des Drachenkönigs?«, staunte der Bauer und kratzte sich hinterm Ohr. »Das ist doch gar keine so einfache Sache, dem Drachenkönig ein Barthaar auszureißen.« – »Nun, es muss ja nicht der Drachenkönig sein«, sagte San-lang, »aus Eurem Barthaar wüchsen ebenfalls solche Fischlein. Wenn Ihr wollt, schicke ich unsere Amme Sepia zu Euch, die weiß mit dem Ausreißen von Barthaaren sehr genau Bescheid.« Nun, der Bauer wollte sich den Bart nicht ausreißen lassen, aber Fischlein begehrte er. So siegte in ihm schließlich seine Habgier und er ließ Sepia kommen.

Sepia setzte sich nieder, setzte die Brille auf und riss ihm ein Barthaar aus. »Dieses eignet sich nicht«, knurrte sie und schon riss sie das zweite aus. »Auch dieses eignet sich nicht sehr gut« und ruck, zuck, das dritte war draußen. Der Bauer schnitt Grimassen, zwinkerte vor Schmerzen, doch Sepia war noch immer nicht zufrieden und riss und zupfte, bis sie dem Bauern alle Barthaare ausgerissen hatte. »Nun, dieses könnte sich wohl eignen«, nickte sie schließlich, während sie das letzte Barthaar betrachtete.

»Jetzt muss man es nur noch ein bisschen mit Blut benetzen.« – »Doch nicht mit meinem?«, rief der Bauer entsetzt und dann begann er auch schon zu bitten: »Muhme Sepia, ich bitte Euch, tropft etwas von Eurem eigenen Blut darauf, ich habe Angst.« – »Nun gut«, sagte Sepia, »aber du musst wissen, dass mein Blut schwarz ist.« Und sie ließ ein paar tintenschwarze Tropfen fallen, die das Barthaar benetzten. »Jetzt musst du dieses Barthaar in einen Bottich mit Wasser stecken, musst ihn zudecken und einige Tage warten«, befahl Sepia und entfernte sich.

Der Bauer wartete wirklich ein paar Tage lang. Er war schon ganz ungeduldig und sehnte die Stunde herbei, da Goldfische im Bottich herumschwimmen würden. Er bereitete ein großes Festmahl, zu dem er eine Menge Gäste einlud, und als das Fest in vollem Gange war, hob er stolz den Deckel vom Bottich – doch, o Schreck, der Bottich war voll Nattern! Die Gäste brachen in lautes Lachen aus, sie lachten und lachten, dass sie sich die Bäuche hielten. Auch die alte Amme Sepia, die ebenfalls am Festmahl teilgenommen hatte, lachte. »Ach, du Nichtsnutzige, du«, schrie der Bauer, »das wirst du mir aber büßen!« Und sogleich befahl er zwei Bütteln, die arme Sepia auszupeitschen.

»Überlegt Euch das, Onkelchen«, sagte Sepia, »sonst tut es Euch am Ende noch Leid!« – »Peitscht sie aus«, schrie der Bauer ganz außer sich, »peitscht sie aus, bis sie ganz weiß ist!« Die Büttel ergriffen die Amme, doch da schnellte Sepia blitzschnell herum und spritzte ihr Tintenschwarz dem Bauern direkt ins Gesicht. Der hob schnell die Hände schützend vors Antlitz, doch es war zu spät. Sein Gesicht war schwarz wie Tinte. Vergeblich wusch er sich, vergeblich schrubbte er sich. Selbst hundert Bottiche Wasser halfen ihm nicht. Und so wurde der schändliche Bauer für sein böses Herz und seinen unseligen Geiz bestraft.

San-lang lebte mit der Drachenprinzessin und der Amme Sepia viele lange Jahre zusammen. Sie züchteten im Bottich Goldfische, spielten Flöte und waren glücklich.

Die Flöte, die alle zum Tanzen brachte

Ein Märchen aus Spanien

Ein Mann hatte drei Söhne. Die beiden älteren waren gescheiter als der jüngste und deswegen machten sie sich immer über ihn lustig. Schließlich sagte der Vater: »Da dieser Sohn zu nichts nütze ist, soll er Hirt werden.«

Ein Jahr lang hatte er nun schon Schafe gehütet, da begegnete er eines Tages einem alten Weib, das sagte zu ihm: »Lieber Mann, was machst du denn hier als Schafhirt?« Der Bursche antwortete: »Ihr könnt daran sehen, dass meine Brüder mich nicht leiden mögen und mein Vater mich zum Hirten machte.« – »Nun, und wie fühlst du dich? Hast du einen guten Herrn und genug zu essen?«, fragte die Alte. »O ja«, antwortete der Bursche, »ich habe einen sehr guten Herrn und man gibt mir genug zu essen.« Darauf sagte die Frau: »Nun, was willst du dann noch mehr?« – »Eine Flöte«, erwiderte der Hirt. Und die Alte gab ihm eine Flöte. Dann ging sie fort und ließ ihn allein.

Kaum war die Alte weggegangen, da begann der Hirt auf der Flöte zu spielen und sogleich fingen die kleinen Schafe an zu tanzen. Er spielte mehr und mehr und immer mehr und mit immer größerer Lust tanzten die Schafe und Ziegen. Das wiederholte sich Tag für Tag. Der Hirt spielte auf und die Schafe und Ziegen tanzten, bis sie erschöpft zu Boden fielen, alle viere von sich streckten und ein Weilchen ausruhten. Und dabei waren seine Schafe und Ziegen immer schön fett.

Die anderen Schafhirten sahen, dass die Schafe des Burschen so schön fett waren, und sagten: »Wie macht dieser Bursche es nur, dass seine Schafe und Ziegen so schön fett sind?« Andere Hirten, die gesehen hatten, dass sie immer alle tanzten, gingen zu dem Herrn des Burschen und sagten ihm, dass sein Hirt eine Flöte habe, nach der Schafe und Ziegen zusammen mit ihm tanzten. Doch der Herr wollte das nicht glauben, ging zum Hirten hin und sagte zu ihm: »Guten Tag! Warum strecken die Schafe denn alle viere von sich?« – »Sie ruhen sich aus«, antwortete der Hirt. »Ist es denn wahr, dass die Schafe tanzen?« – »Ja, Herr, wenn ich Flöte spiele, fangen sie an zu tanzen.« – »Lass sehen, lass sehen«, sagte der Herr.

Der Bursche begann, die Flöte zu spielen, und sogleich sprangen all die kleinen Schafe und Ziegen auf und fingen vor Freude an zu tanzen.

Und auch der Hirt tanzte. Immer ausgelassener tanzten Schafe und Ziegen. Vor Freude begann auch der Herr zu tanzen, sodass schließlich die ganze Gesellschaft tanzte: Herr, Hirt, Schafe und Ziegen. Immer toller spielte der Hirt und immer toller tanzte der Herr. Als endlich der Bursche des Spielens überdrüssig wurde, legte er sich lang hin, um auszuruhen, und ihm nach machten es die Schafe und Ziegen und der Herr.

Dann ging der Herr fort und erzählte alles seiner Frau. Die Frau sagte: »Geh, komm mir nicht mit Märchen! Hat man denn je Schafe und Ziegen tanzen sehen?« – »Wenn du's nicht glauben willst, so geh doch selber hin. Dann wirst du erfahren, ob es stimmt. Wenn dieser Bursche die Flöte spielt, müssen alle tanzen.« Die Frau sagte: »Das glaub ich nicht, doch ich will sehen, ob es wahr ist.« Sie ging dahin, wo der Hirt mit den Schafen und Ziegen war, und sagte zu ihm, er möchte noch einmal die Flöte spielen. Und er spielte die Flöte und sofort sprangen die Schafe und Ziegen auf und begannen zu tanzen. Immer toller spielte der Hirt und immer toller tanzten die Schafe und Ziegen. Da fing die Herrin auch an zu tanzen. Immer ausgelassener spielte der Hirt die Flöte und immer ausgelassener tanzte die Herrin. So tanzten alle eine ganze Zeit lang, bis der Hirt keine Lust mehr hatte und alle sich hinlegten, um auszuruhen: die Herrin, der Hirt, die Schafe und Ziegen. Als die Frau sich ausgeruht hatte, ging sie nach Haus zurück.

Als sie zu Haus ankam, sagte ihr Mann: »Nun, wie war es, haben die Schafe getanzt?« – »Es haben die Schafe getanzt und die Ziegen und ich mit ihnen«, sagte die Herrin. »Wenn dieser Hirt die Flöte spielt, müssen alle tanzen.« – »Ich hab's dir ja gleich gesagt«, antwortete der Herr. Und dann kamen die beiden überein, den Hirten zu entlassen, da er immer Schafe und Ziegen und jedermann zum Tanzen brachte. – Doch da starben all die kleinen Schafe und Ziegen vor Trauer darüber, dass ihnen keiner mehr zum Tanz aufspielte.

Der Bursche ging heim zu seinem Vater. Als er erzählte, was er erlebt hatte, da begannen die beiden älteren Brüder, sich wieder über ihn lustig zu machen. Und der Vater sagte: »Dieser Junge taugt auch zu nichts. Besser ist es, er bleibt zu Haus und ihr arbeitet außerhalb, um Geld zu verdienen.«

Am nächsten Tag schickte der Vater den ältesten Sohn ins Dorf, um Äpfel zu verkaufen. Auf dem Weg begegnete er einem alten Weiblein, das fragte ihn: »Was verkaufst du da?« Er antwortete: »Ich verkaufe Ratten.« Die Alte sagte zu ihm: »Nun, Ratten sollen es werden.« Der Bursche kam ins Dorf und als er die Äpfel herausnehmen und verkaufen wollte, kamen nur Ratten zum Vorschein. Immer mehr und immer mehr Ratten sprangen heraus, bis das ganze Dorf voller Ratten war. Da gab man dem Burschen eine gehörige Tracht Prügel und er zog ab.

Am nächsten Tag schickte der Vater den zweiten Sohn in das Dorf, um Apfelsinen zu verkaufen. Auf dem Weg begegnete er demselben alten Weiblein, das sagte zu ihm: »Guten Tag. Was verkaufst du da?« Er antwortete: »Vögel.« Die Alte sagte zu ihm: »Viele Vögel sollen es werden.« Als der Bursche in das Dorf kam und den Apfelsinenkorb öffnete, da flogen Vögel heraus und nichts weiter war im Korb zu finden. Da ging der Arme ganz verzweifelt nach Haus.

Nun sagte der Jüngste zu seinem Vater: »Vater, jetzt will ich ins Dorf gehen. Schickt mich hin und Ihr werdet sehen, wie gut alles geht.« Die beiden älteren Brüder lachten über ihn und sagten: »Was willst du, Dummkopf, denn da schon ausrichten? Wenn es uns schlecht ergangen ist, wird es dir noch viel schlechter gehen.« Doch der Vater ließ ihn ziehen und gab ihm einen Korb mit Weintrauben, die sollte er im Dorf verkaufen. Auf dem Weg begegnete der Bursche demselben alten Weiblein und es fragte ihn: »Was verkaufst du da?« Er antwortete ihr: »Ich verkaufe Weintrauben. Wollt Ihr welche haben?« Sie erwiderte: »Nein, danke. Viele Weintrauben wirst du verkaufen.« Der Bursche ging ins Dorf, um seine Weintrauben zu verkaufen, und je mehr er verkaufte, desto mehr waren im Korb. Immer mehr verkaufte er und er verkaufte so viel, dass er eine Menge Beutel mit Geld füllte; die brachte er seinem Vater nach Haus. Auf dem Weg fing er an, auf der Flöte zu spielen, die er noch behalten hatte. Da erschien die Alte wiederum und sagte zu ihm: »Spiel die Flöte nicht, mein Sohn, bevor du nicht zu Hause bist.«

Der Bursche kehrte heim und sogleich kamen ihm die beiden Brüder und der Vater entgegen. Der Vater sagte: »Sicherlich ist wieder ein Unglück geschehen. Dieser Dummkopf wird schon etwas Neues angerichtet haben.« Der Bursche trat ein und sagte zu ihnen: »Ich bringe viele Taler mit, Vater, so viele, dass sie am Korb festkleben und nicht herauskommen können und noch mehr habe ich in den Beuteln, die auch nicht herausgehen.« Der Vater sagte: »Ja, wie machen wir es denn nur, dass wir

das Geld aus dem Korb und den Beuteln herausbekommen?« – »Macht Euch darüber keine Sorge, Vater«, sagte der junge Bursche, »Ihr werdet gleich sehen.« Und er fing an, auf der Flöte zu spielen, und sogleich setzten sich die Groschen und Taler in Bewegung und sprangen tanzend aus dem Korb und den Beuteln. Er spielte die Flöte so lange, bis das ganze Geld herausgehüpft war und sie reich waren.

Nun mochten ihn auch seine Brüder sehr gern leiden. Und der Vater sagte: »Wir wollen uns mit diesem Geld jetzt ein Haus bauen.« Sie bauten sich von dem Geld ein sehr schönes Haus. Sie machten es so wunderschön, dass sie alles Geld dafür verbrauchten und ihnen der Vater sagte: »Ja, nun müssen wir in die Welt hinausziehen und sehen, wie wir uns durchschlagen.« Die beiden älteren Brüder, die immer voller Missgunst waren, zogen allein fort und der Jüngste ging mit seinem Vater in eine andere Richtung. Der Jüngste und der Vater zogen durch die Dörfer und verkauften Öl. Sie konnten alles verkaufen und für das Öl kauften sie wieder Eier.

Der junge Bursche war darüber so glücklich und zufrieden, dass er zu seinem Vater sagte: »Vater, nun haben wir das ganze Öl verkauft und so viele Eier dafür bekommen. Nun will ich auch einmal wieder auf der Flöte spielen.« Er begann, die Flöte zu spielen, und sogleich fingen die Eier in den Körben an zu tanzen. Der Vater sagte: »Um des Himmels willen, Sohn, spiel nicht auf der Flöte! Siehst du denn nicht, dass die Eier tanzen und bald alle entzweigehen werden?« – »Macht Euch keine Sorge, Vater«, sagte der Sohn zu ihm. Er spielte weiter auf seiner Flöte und die Eier tanzten weiter in den Körben. »Nein, mein Sohn, spiel doch nicht mehr, sie werden alle entzweibrechen.« – »Macht Euch keine Sorge, Vater, sie gehen nicht entzwei.« Und immer toller spielte er auf der Flöte und immer toller tanzten die Eier, bis auch Vater und Sohn anfingen zu tanzen. So tanzten sie alle: Vater und Sohn und die Eier in den Körben, bis der Bursche keine Lust mehr hatte.

Dann gingen sie nach Haus. Eine so große Menge Eier war in den Körben, dass sie sie nicht herausnehmen konnten. Der Vater sagte: »Ja, aber wie machen wir es jetzt nur, dass wir die vielen Eier aus den Körben herausbekommen?« Da begann der Bursche wieder die Flöte zu spielen und sogleich sprangen die Eier aus den Körben heraus, bis keines mehr darin blieb. Der Bursche sagte: »Davon können wir schon leben.« Und sie zogen los und verkauften die Eier und je mehr sie verkauften, desto mehr kamen aus den Körben heraus. So wurden sie wieder reich.

Bald darauf kehrten auch die beiden älteren Brüder wieder heim. Aber sie brachten keinen Heller mit, sie waren ärmer denn je. Aus Missgunst über den Jüngsten nahmen sie ihm die Flöte weg. Doch der Jüngste brauchte sie gar nicht mehr, denn er und sein Vater waren ja reich. Die Brüder machten sich mit der Flöte auf und davon, spielten sie und dachten, sie würden nun auch reich werden. Doch nichts geschah. Die Flöte brachte nur dem Jüngsten Glück.

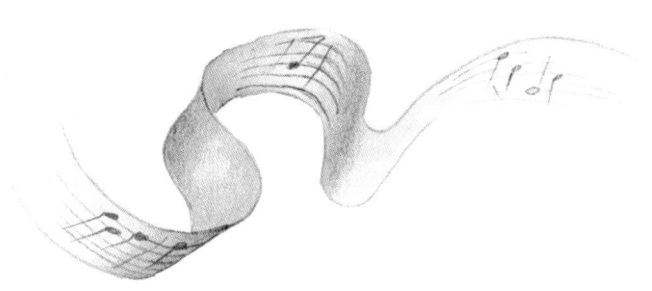

Märchen von Laute, Zither und Harfe

Die älteste Form der Zupfinstrumente ist heute noch in Afrika zu finden, der Musikbogen. Er besteht aus nicht viel mehr als einer gebogenen Rute und einer Saite, von einem Ende zum anderen gespannt. Als Klangkörper dient der Bauch des Spielers oder auch ein Kürbis oder eine Kokosnuss.

Man kann auf Zupfinstrumenten nicht nur einzelne Töne spielen, sondern auch verschiedene Töne zusammen erklingen lassen. Mit diesen Akkorden kann man gesungene und gesprochene Texte besonders gut begleiten. Seit alten Zeiten sind Zupfinstrumente daher eng mit Wort und Sprache verbunden. Auf Laute, Zither oder Harfe spielten die Sänger und Geschichtenerzähler zu ihren Liedern und Balladen, Heldensagen und Märchen. Aufgeschrieben wurde diese Musik allerdings selten. Man gab sie von Spieler zu Spieler weiter. Und wem es einfiel, der veränderte etwas oder erfand Neues dazu.

Das Eselein

Ein Märchen der Brüder Grimm

Es lebte einmal ein König und eine Königin, die waren reich und hatten alles, was sie sich wünschten, nur keine Kinder. Darüber klagte die Königin Tag und Nacht und sprach: »Ich bin wie ein Acker, auf dem nichts wächst.« Endlich erfüllte Gott ihre Wünsche: Als das Kind aber zur Welt kam, sah's nicht aus wie ein Menschenkind, sondern war ein junges Eselein. Wie die Mutter das erblickte, fing ihr Jammer und Geschrei erst recht an. Sie hätte lieber gar kein Kind gehabt als einen Esel und sagte, man sollt ihn ins Wasser werfen, damit ihn die Fische fräßen. Der König aber sprach: »Nein, hat Gott ihn gegeben, soll er auch mein Sohn und Erbe sein, nach meinem Tod auf dem königlichen Thron sitzen und die königliche Krone tragen.«

Also ward das Eselein aufgezogen, nahm zu und die Ohren wuchsen ihm auch fein hoch und gerad hinauf. Es war aber sonst fröhlicher Art, sprang herum, spielte und hatte besonders seine Lust an der Musik, sodass es zu einem berühmten Spielmann ging und sprach: »Lehre mich deine Kunst, dass ich so gut die Laute schlagen kann als du.« – »Ach, liebes Herrlein«, antwortete der Spielmann, »das sollt Euch schwer fallen, Eure Finger sind nicht allerdings dazu gemacht und gar zu groß. Ich sorge, die Saiten halten's nicht aus.« Es half keine Ausrede, das Eselein wollte und musste die Laute schlagen, war beharrlich und fleißig und lernte es am Ende so gut als sein Meister selber.

Einmal ging das junge Herrlein nachdenksam spazieren und kam an einen Brunnen. Da schaute es hinein und sah im spiegelhellen Wasser seine Eseleinsgestalt. Darüber war es so betrübt, dass es in die weite Welt ging und nur einen treuen Gesellen mitnahm. Sie zogen auf und ab. Zuletzt kamen sie in ein Reich, wo ein alter König herrschte, der nur eine einzige, aber wunderschöne Tochter hatte. Das Eselein sagte: »Hier wollen wir weilen«, klopfte ans Tor und rief: »Es ist ein Gast draußen, macht auf, damit er eingehen kann.«

Als aber nicht aufgetan ward, setzte es sich hin, nahm seine Laute und schlug sie mit seinen zwei Vorderfüßen aufs Lieblichste. Da sperrte der Türhüter gewaltig die Augen auf, lief zum König und sprach: »Da draußen sitzt ein Eselein vor dem Tor, das schlägt die Laute so gut als ein gelernter Meister.« – »So lass mir den Musikant hereinkommen«, sprach der König. Wie aber ein Eselein hereintrat, fing alles an, über den Lautenschläger zu lachen.

Nun sollte das Eselein unten zu den Knechten gesetzt und gespeist werden. Es ward aber unwillig und sprach: »Ich bin kein gewöhnliches Stalleselein, ich bin ein vornehmes.« Da sagten sie: »Wenn du das bist, so setze dich zu dem Kriegsvolk.« – »Nein«, sprach es, »ich will beim König sitzen.« Der König lachte und sprach in gutem Mut: »Ja, es soll so sein, wie du verlangst, Eselein, komm her zu mir.« Danach fragte er: »Eselein, wie gefällt dir meine Tochter?« Das Eselein drehte den Kopf nach ihr, schaute sie an, nickte und sprach: »Aus der Maßen wohl, sie ist so schön, wie ich noch keine gesehen habe.« – »Nun, so sollst du auch neben ihr sitzen«, sagte der König. »Das ist mir eben recht«, sprach das Eselein und setzte sich an ihre Seite, aß und trank und wusste sich fein und säuberlich zu betragen.

Als das edle Tierlein eine gute Zeit an des Königs Hof geblieben war, dachte es: ›Was hilft das alles, du musst wieder heim‹, ließ den Kopf traurig hängen, trat vor den König und verlangte seinen Abschied. Der König hatte es aber lieb gewonnen und sprach: »Eselein, was ist dir? Du schaust ja sauer wie ein Essigkrug: Bleib bei mir, ich will dir geben, was du verlangst. Willst du Gold?« – »Nein«, sagte das Eselein und schüttelte mit dem Kopf. »Willst du Kostbarkeiten und Schmuck?« – »Nein.« – »Willst du mein halbes Reich?« – »Ach nein.« Da sprach der König: »Wenn ich nur wüsste, was dich vergnügt machen könnte! Willst du meine schöne Tochter zur Frau?« – »Ach ja«, sagte das Eselein, »die möchte ich wohl haben«, war auf einmal ganz lustig und guter Dinge, denn das war's gerade, was es sich gewünscht hatte.

Also ward eine große und prächtige Hochzeit gehalten. Abends, wie Braut und Bräutigam in ihr Schlafkämmerlein geführt wurden, wollte der König wissen, ob sich das Eselein auch fein artig und manierlich betrüge und ließ einen Diener sich dort verstecken. Wie sie nun beide drinnen waren, schob der Bräutigam den Riegel vor die Tür, blickte sich um und wie er glaubte, dass sie ganz allein wären, da warf er auf einmal seine Eselshaut ab und stand da als ein schöner königlicher Jüngling. »Nun siehst du«, sprach er, »wer ich bin und siehst auch, dass ich deiner nicht unwert war.« Da ward die Braut froh, küsste ihn und hatte ihn von Herzen lieb. Als aber der Morgen herankam, sprang er auf, zog seine Tierhaut wieder über und kein Mensch hätte gedacht, was für einer dahinter steckte.

Bald kam auch der alte König gegangen: »Ei«, rief er, »ist das Eselein schon munter! Du bist wohl recht traurig«, sagte er zu seiner Tochter, »dass du keinen ordentlichen Menschen zum Mann bekommen hast?« – »Ach nein, lieber Vater, ich habe ihn so lieb, als wenn er der Allerschönste wäre, und will ihn mein Lebtag behalten.« Der König wunderte sich, aber der Diener, der sich versteckt hatte, kam und offenbarte ihm alles. Der König sprach: »Das ist nimmermehr wahr.« – »So wacht selber die folgende Nacht, Ihr werdet's mit eigenen Augen sehen und wisst ihr was, Herr König, nehmt ihm die Haut weg und werft sie ins Feuer, so muss er sich wohl in seiner rechten Gestalt zeigen.« – »Dein Rat ist gut«, sprach der König und abends, als sie schliefen, schlich er sich hinein und wie er zum Bett kam, sah er im Mondschein einen stolzen Jüngling da ruhen und die Haut lag abgestreift auf der Erde. Da nahm er sie weg und ließ draußen ein gewaltiges Feuer anmachen und die Haut hineinwerfen und blieb selber dabei, bis sie ganz zu Asche verbrannt war. Weil er aber sehen wollte, wie sich der Beraubte anstellen würde, blieb er die Nacht über wach und lauschte.

Als der Jüngling ausgeschlafen hatte, beim ersten Morgenschein, stand er auf und wollte die Eselshaut anziehen, aber sie war nicht zu finden. Da erschrak er und sprach voll Trauer und Angst: »Nun muss ich sehen, dass ich entfliehe.« Wie er hinaustrat, stand aber der König da und sprach: »Mein Sohn, wohin so eilig, was hast du im Sinn? Bleib hier, du bist ein so schöner Mann, du sollst nicht wieder von mir. Ich gebe dir jetzt mein Reich halb und nach meinem Tode bekommst du es ganz.« – »So wünsch ich, dass der gute Anfang auch ein gutes Ende nehme«, sprach der Jüngling, »ich bleibe bei Euch.« Da gab ihm der Alte das halbe Reich und als er nach einem Jahr starb, hatte er das ganze und nach dem Tod seines Vaters noch eins dazu und lebte in aller Herrlichkeit.

Von der Zarin, die Gusli spielte

Ein Märchen aus Russland

In einem Reich, in einem Land lebten einmal ein Zar und eine Zarin. Nachdem sie eine geraume Weile zusammengelebt hatten, wollte der Zar in das ferne Land ziehen, wo die Juden Christus gekreuzigt hatten. Er gab den Ministern seine Befehle, nahm Abschied von seiner Frau und machte sich auf den Weg.

Ob es lange währte oder kurz – er gelangte in das ferne Land, wo die Juden Christus gekreuzigt hatten. Aber in diesem Land regierte damals ein böser König. Als dieser König den Zaren sah, befahl er, ihn zu ergreifen und in den Kerker zu werfen. In seinen Verliesen schmachteten viele Gefangene. Nachts wurden sie in Fesseln gelegt und am Morgen ließ der böse König sie vor die Pflüge spannen und bis zum Abend pflügen.

Drei volle Jahre musste der Zar diese Pein ertragen, ohne zu wissen, wann sie ein Ende nehmen würde und wie er seiner Zarin eine Nachricht senden könnte. Eines Tages glückte es ihm, ihr ein Briefchen zu schicken. Er schrieb: »Verkaufe alles, was wir haben, und komme und kaufe mich frei.«

Die Zarin empfing diesen Brief, las ihn und weinte: »Wie kann ich den Zaren freikaufen? Wenn ich selbst hinfahre, wird der böse König mich sehen und mich zu seiner Frau machen. Wenn ich die Minister hinschicke, werden sie nichts ausrichten!« Und was tat sie? Sie schnitt sich ihre blonden Zöpfe ab, verkleidete sich als fahrender Spielmann, hing sich eine Gusli* über die Schultern und machte sich auf den Weg, ohne irgendjemandem etwas zu sagen. So kam sie zu dem Palast des bösen Königs, stellte sich davor hin und spielte so schön, dass man ihr das ganze Leben lang hätte zuhören mögen.

Als der König diese Musik hörte, ließ er den Spielmann sogleich in den Palast holen. »Guten Tag, Guslispieler! Woher bist du und woher kommst du?«, fragte der König. Der Spielmann antwortete: »Seit meinen Kindertagen ziehe ich durch die Welt, Majestät, erheitere die Menschen und verdiene mir damit mein Brot.« – »Bleibe bei mir, sieh dich einen,

---

*Zupfinstrument aus Russland, das zur Gruppe der Zithern gehört

zwei oder drei Tage bei mir um. Ich werde dich reich belohnen!« Der Spielmann blieb. Tag für Tag spielte er vor dem König und der wollte immer mehr hören. Das war eine wunderbare Musik! Sie vertrieb alle Langeweile und allen Kummer.

Der Spielmann blieb drei Tage in dem Palast des Königs, dann kam er zu ihm und wollte Abschied nehmen. »Welchen Lohn forderst du?«, fragte der König. »Ach, Majestät, schenke mir doch einen Gefangenen. Du hast im Gefängnis viele davon und ich brauche einen Weggenossen. Ich wandere viel durch fremde Länder, manchmal habe ich niemanden, mit dem ich ein Wort wechseln kann!« – »Wohlan, suche dir einen aus«, sagte der König und führte den Spielmann in den Kerker. Der Spielmann sah sich unter den Gefangenen um, wählte den Zaren und nahm ihn mit auf die Wanderschaft. Als sie ihr Land erreicht hatten, sprach der Zar: »Lass mich frei, guter Mann. Ich bin kein gewöhnlicher Gefangener, ich bin der Zar. Du kannst von mir alles verlangen, was du willst, ich werde weder mit Geld noch mit Bauern geizen.« – »Gehe mit Gott«, sagte der Spielmann, »ich begehre nichts von dir.« – »Dann sei wenigstens mein Gast.« – »Die Zeit wird schon kommen, da ich unter deinem Dach wohnen werde.« – Sie nahmen Abschied voneinander und jeder ging seines Weges.

Die Zarin eilte auf einem Umweg in den Palast und erreichte ihn vor ihrem Gatten. Sie legte die Spielmannskleider ab und putzte sich heraus, wie es sich schickte. Kaum eine Stunde später rannten die Hofleute durch den Palast und riefen: »Der Zar ist wieder da!« Die Zarin stürzte ihm entgegen, aber er würdigte sie keines Blickes. Er begrüßte seine Minister und sprach: »Seht, ihr Herren, welch eine Gattin ich habe! Jetzt wirft sie sich mir an den Hals, aber als ich im Kerker saß und sie bat, alles zu verkaufen, um mich freizukaufen, da rührte sie keinen Finger. Was hatte sie im Sinn, als sie ihren Mann im Stich ließ?« Die Minister meldeten dem Zaren: »Majestät! Sobald die Zarin Euren Brief empfing, verschwand sie noch am selbigen Tag und blieb die ganze Zeit über fort. Erst heute kehrte sie in den Palast zurück.«

Der Zar geriet in schrecklichen Zorn und befahl: »Ihr Herren Minister! Haltet Gericht über meine ungetreue Gemahlin und sprecht das Urteil nach bestem Wissen und Gewissen. Wo hat sie sich die ganze Zeit herumgetrieben? Weshalb wollte sie mich nicht freikaufen? Ihr hättet euren Zaren nie wiedergesehen, wenn der junge Spielmann nicht gewesen wäre. Ich werde für ihn zu Gott beten und ihm, ohne zu zaudern, mein halbes Reich schenken.« Unterdessen hatte die Zarin die Kleider des Spielmanns angelegt, stahl sich in den Hof hinaus und begann zu spielen.

Der Zar hörte es, lief hinaus, nahm den Spielmann bei der Hand, führte ihn in den Palast und sprach zu seinen Hofleuten: »Das ist jener Spielmann, der mich aus der Gefangenschaft errettete.« Der Spielmann warf Mantel, Rock und Mütze ab und alle erkannten die Zarin. Der Zar freute sich über alle Maßen. In seiner Freude lud er die ganze Welt zu einem Fest und feierte eine ganze Woche.

Wie die Laute des Helden Gassir ihre Stimme bekam

Ein Märchen aus Westafrika

Im Grasland lebte einst ein gewaltiger Held, der Gassir hieß. Die rote Erde bebte unter seinem Schritt, die wilden Tiere duckten sich, wenn sie seinen Kampfruf hörten. Er hatte alle seine Feinde besiegt und ihre Dörfer verbrannt. »Mein Ruhm ist unvergänglich«, sagte Gassir. Er setzte sich unter einen Schattenbaum, lehnte den Kopf an den Stamm und schaute zufrieden vor sich hin.

Da hörte er in den Zweigen des Baumes einen kleinen Vogel singen. Der Vogel sang:

> »Ich habe ein Nest gebaut,
> ein rundes Nest für meine Jungen.
> Ich singe ein Lied von meinem Nest,
> ein kleines Lied,
> ein Lied, das nie verklingen wird.«

Der Schattenbaum wiegte seine Äste und die Blätter rauschten. Sie rauschten das Lied des kleinen Vogels. Der braune Fluss hörte das Lied und sang es mit seinen Wellen:

> »Der kleine Vogel hat ein Nest gebaut,
> ein rundes Nest für seine Jungen.
> Er singt ein glückliches Lied von seinem Nest.
> Heldentaten werden vergessen,
> aber das Lied wird nie verklingen.«

Gassir, der Held, sprang auf. »Es ist wahr!«, rief er. »Der Ruhm des Helden ist wie Spreu im Wind, das Lied allein klingt in allen Zeiten. Ich weiß, was ich tun muss!«

Gassir, der Held, ging zu seinem Schmied. Der war ein kunstreicher Mann. »Schmied, mach mir eine Laute! Mach mir eine schöne Laute, die meinen Ruhm singen wird.« – »Eine Laute will ich dir schon machen«, antwortete der Schmied. »Aber wirst du sie auch spielen können?« – »Das lass meine Sorge sein!«, rief Gassir und lachte.

Als er aber seine Laute erhielt und die Saiten schlagen wollte, blieb die Laute stumm. »Schmied!«, schrie Gassir, »bei meinem Zorn, antworte mir! Warum schweigt die Laute?« Jetzt lachte der Schmied. »Ich fragte dich, ob du sie spielen kannst und du sagtest, das sei deine Sorge, Gassir, großer Held!« Gassir schwieg eine Weile, dachte nach und bezähmte seinen Zorn. »Schmied, ich weiß, dass du geheime Kräfte hast. Sag mir, was ich tun soll.« Der Schmied antwortete: »Herr, die Laute ist nur ein Stück Holz. Sie kann nicht singen, denn ihr fehlt das Leben. Das musst du ihr geben. Nimm die Laute und teile dein Leben mit ihr. So wird sie verwandelt und wird ein Stück deiner selbst. Dann wird sie klingen.«

Gassir, der Held, nahm die Laute. Von nun an trug er sie immer bei sich, wohin er auch ging. Er nahm sie mit in die Hütten der Frauen – die Laute blieb stumm inmitten des Lachens und des Scherzens. Er nahm sie mit zu den Gelagen der Männer, er tanzte mit ihr zum Schlag der Trommeln – aber die Laute schwieg. »Die Laute hat mein Glück erlebt, aber sie will nicht klingen. Jetzt soll sie den Kampf erleben«, sagte Gassir. »Dann wird sie klingen und mein Ruhm wird ewig sein in ihrem Lied.«

Gassir, der Held, rief seine acht Söhne und sie zogen in den Krieg. Sie verheerten die Felder der benachbarten Herrscher, sie schlugen viele tapfere Krieger tot. Die Laute blieb stumm im Geklirr der Schwerter und Lanzen. Der Kampf währte acht Tage. Und an jedem Tag fiel einer von Gassirs Söhnen. Als der Krieg zu Ende war und kein Feind mehr blieb, um gegen Gassir aufzustehen, zog der Held über die verbrannte Erde in seine Heimat. Dort begrub er seine acht Söhne. Er ging zu den Hütten seiner Frauen, aber sie weinten um ihre Söhne und wandten die Gesichter von ihm ab. Die Kinder des Dorfes flüchteten, wenn sie ihn kommen sahen. Die Vögel verstummten, wenn Gassir vorüberschritt.

Gassir, der Held, setzte sich unter den Schattenbaum. Er legte seine Laute neben sich auf die rote Erde und schlug die Hände vor das Gesicht. »Ich bin der größte Held aller Zeiten«, sagte er. »Aber was nützt mir das? Meine Söhne sind tot, meine Frauen weinen. Die Vögel werden stumm neben mir und die Kinder laufen vor mir davon. Ich bin elend und einsam, ein armseliger Mensch.« Da vernahm Gassir eine Stimme, die aus seinem Herzen zu kommen schien. Es war die Stimme seiner Laute. Nicht Lachen, nicht Kampfgeschrei und Siegesruhm hatten sie zum Klingen gebracht. Aber als Gassir sich selbst erkannt hatte, als er elend war, als er Trost brauchte, da begann sie zu klingen.

Die geschenkte Harfe

Ein Märchen aus Wales

Bisweilen wandern Feen oder auch Wichtel durchs Land und besuchen die Menschen in ihren Wohnungen und Häusern. Sie möchten nämlich erfahren, ob die Menschen noch gutherzig und hilfsbereit sind. Natürlich geben sie sich nicht zu erkennen, sie sehen dann aus wie du und ich. Aber wenn sie einen guten Menschen finden, dem sagen sie manchmal, wer sie wirklich sind und belohnen ihn.

Morgan lebte am Fuße eines hohen Berges in Wales, Cader Idris heißt er. Er ist nur an die neunhundert Meter hoch, aber im Winter ist er oft mit Schnee bedeckt und meistens pfeift ein kalter Wind vom Meer her um ihn herum. An solch einem ungemütlichen Abend saß Morgan in der Stube seines kleinen Bauernhauses an einem prasselnden Holzfeuer, schmauchte eine Pfeife und hatte eine Kanne heißen Tee neben sich stehen. Es war warm und gemütlich. Morgan war zufrieden und während er sich zu diesem Zustand mal wieder beglückwünschte, klopfte es an der Tür. Vorsichtig, zögernd: tap – tap – tap. Und nach einem Weilchen noch einmal: tap – tap – tap. Morgan war ein gastfreundlicher Mann, der nie einen Wanderer draußen in der Kälte stehen ließ und so rief er: »Herein-spaziert, wer immer ihr auch seid!«

Die Tür wurde geöffnet und drei Fremde traten ein, in altem Lodenzeug und schlechten Stiefeln, Bergwanderer offenbar – jedenfalls sahen sie so aus. Dass es in Wirklichkeit drei Wichtel waren, konnte Morgan natürlich nicht ahnen. Sie grüßten ihn, traten ans Feuer und rieben sich die kalten Hände. »Lieber Herr«, sagte der Längste und Magerste der drei, »würdet Ihr uns vielleicht ein paar Bissen Nahrung in unseren Rucksack tun? Wir sind arme Leute und Hunger haben wir auch.« Morgan stand sofort auf. »Aber natürlich, selbstverständlich«, antwortete er. »Hätte ich gleich dran denken sollen. Wartet einen Augenblick, ich hole euch Brot und Käse aus der Kammer.«

Er ging hinaus und kam nach wenigen Minuten zurück mit einem Laib frischen Brots, das seine Frau am Vormittag gebacken hatte, und mit ein paar großen Brocken Ziegenkäse. »Hier, bedient euch«, sagte er. »Viel ist es nicht, aber lasst es euch schmecken. Was ich habe, will ich

gern mit euch teilen.« Die Wanderer packten Brot und Käse in den Rucksack. »Ihr seid ein guter Mensch, Morgan«, sagte der eine, »und wir sind Euch dankbar. Großzügigkeit soll großzügig belohnt werden. Wir sind nicht ganz das, was wir scheinen. Wir haben die Macht, Euch einen Wunsch zu erfüllen. Also: Was soll es sein?«

Morgan war wie vom Donner gerührt und es dauerte einen Augenblick oder auch zwei, bis er die Sprache wieder gefunden hatte. »Ein Wunsch? Irgendeiner? Schockschwerenot, das ist nicht einfach. Tja, also – ich liebe die Musik. Ich hab mir immer eine Harfe gewünscht. Ja, meint ihr, ich könnte vielleicht eine Harfe bekommen?« Die drei Wichtel flüsterten untereinander und dann nickten sie. »Gut, Morgan«, sagten sie, »Ihr sollt Eure Harfe haben. Wir gehen jetzt – Ihr müsst die Augen schließen. Wenn wir die Tür hinter uns geschlossen haben, könnt Ihr die Augen wieder öffnen.«

Morgan schloss die Augen. Er hörte, wie die Tür behutsam geöffnet wurde, spürte für ein paar Sekunden den kalten Wind im Gesicht, hörte, wie die Tür geschlossen wurde – und dann machte er die Augen wieder auf. Da, direkt vor ihm, stand eine Harfe! Er hätte nie geglaubt, dass er eine so herrliche Harfe jemals erblicken, geschweige denn besitzen würde. Vorsichtig berührte er sie. Er war nicht gerade ein Künstler auf diesem Instrument und so war er wirklich nervös, als er die ersten Saiten zupfte. Es war eine bemerkenswerte Harfe, eben eine Zauberharfe. Sie spielte beinahe auch ohne Morgans Dazutun. Die lustige und rhythmische Melodie, die sich da hören ließ, war jedenfalls nicht Morgans Kopf entsprungen.

Während er so spielte, kam seine Frau zurück, die einen Besuch gemacht hatte, und brachte ein paar Nachbarn mit. Mit blitzenden Augen erzählte ihnen Morgan die aufregende Geschichte und zeigte ihnen voller Stolz die Zauberharfe. »Soll ich euch eins aufspielen?«, fragte er. »Soll ich euch mal zeigen, wie man wirklich gut Harfe spielt?« – »Ja, ja«, riefen seine Frau und die Nachbarn, »auf geht's, spiel uns einen ordentlichen Hopser!«

Was Morgan da spielte, das klang so hübsch und so fröhlich, dass es ihnen allen in die Beine fuhr. Sie sprangen auf und tanzten, wackelten und hopsten, stießen Stühle um, stolperten über Matten und Läufer, rempelten ineinander, rutschten und schlitterten über die Dielen und

Morgan spielte und spielte, die Melodie wurde immer schneller, die Tänzer keuchten und japsten, aber sie konnten nicht anhalten. »Bitte, Morgan, hör auf«, jammerte seine Frau, »ich kriege keine Luft mehr.«

Aber Morgan lachte nur über die erstaunliche Wirkung, die seine Harfenmusik auf seine Frau und die Nachbarn hatte, und er zupfte weiter. Noch wilder und schneller wurde die Melodie, höher und höher mussten die Tänzer springen. Nun bettelten sie alle miteinander, Morgan möge aufhören, und als der merkte, wie müde und blaß sie alle aussahen, hatte er Erbarmen und stellte die Harfe in die Ecke – aber er lachte weiter über das, was er eben erlebt hatte, und das machte seine Gäste sehr ärgerlich, denn sie fanden das gar nicht so komisch.

Morgan und seine Zauberharfe waren bald in der ganzen Gegend bekannt. Morgan liebte seine Harfe, er liebte die wunderbare Musik, die ertönte, sobald er in die Saiten griff – aber er war auch der Einzige, der sie liebte. Denn wer sonst diese Musik hörte, musste zu ihr tanzen. Und da Morgan ständig auf seiner Harfe spielte, sei es nun zu Haus, bei anderen Leuten und sogar im Wald, da er also ständig mit seiner Harfe unterwegs war, fiel er den Leuten langsam auf die Nerven, denn sie fanden die ewige Tanzerei ziemlich ermüdend. Alte Frauen mit Rheumatismus mussten das Bein schwingen, Bauern, die ihr Feld bestellen wollten, mussten den Pflug stehen lassen und hopsten zwischen den Furchen umher, Schäfer vergaßen ihre Herde und machten mitten in der Wiese artige Wechselschritte. Viele stolperten und verletzten sich, einige schliefen eine ganze Woche lang, nachdem sie eine Nacht hindurch nach Morgans Musik getanzt hatten, und so wurde Morgan langsam ziemlich unbeliebt. Er selbst vergnügte sich prächtig dabei und gute Ratschläge schlug er in den Wind. Seine Freunde drängten, er möge doch vielleicht nur noch sonntags spielen oder, noch besser, irgendwo für sich allein, wo ihn kein anderer hören könne. Aber Morgan lachte nur.

Nach einem besonders langen und anstrengenden Konzert, bei dem seine armen Nachbarn noch mehr geschwitzt und gekeucht hatten als sonst, wachte Morgan in der Früh auf und konnte seine Harfe nicht finden. Er fragte und suchte bei allen Nachbarn, aber die wussten von nichts. Nur seine Frau erinnerte sich plötzlich, dass am frühen Morgen, als sie aus dem Stall gekommen war, wo sie die Ziege gemolken hatte, drei Fremde am Haus entlanggeschlichen waren, die sie für Wanderer hielt und nicht weiter beachtet hatte und die schnell verschwunden waren.

Morgan hatte das Geschenk der Wichtel missbraucht und so hatten sie es ihm – mit Rücksicht auf die Leute am Cader Idris – wieder weggenommen. Morgan sah seine Harfe nie wieder – zu seinem großen Kummer und zur großen Freude der Nachbarn.

Märchen von der Geige

Lange bevor die Geige zu einem Instrument der Kunstmusik wurde, gehörte sie den Spielleuten. Diese tauchten bei Maskenzügen, Jahrmärkten, Wallfahrten und Festen auf. Sie waren überall, wo getanzt wurde, und spielten die Musikstücke nicht nach Noten, sondern aus dem Gedächtnis.

Edel und schön wird der Klang dieser einfachen Fiedeln nicht immer gewesen sein, dafür aber umso lustiger. Besonders die Zigeuner waren bekannt für ihr feuriges Geigenspiel.

Der Josa mit der Zauberfiedel

Ein Märchen von Janosch

Es war einmal ein Köhler mit Namen Jeromir. Er war so groß wie ein Baum und ganz stark. Und sein Sohn, das war der Josa. Aber der Josa war klein und überhaupt nicht stark. Das betrübte den alten Jeromir sehr und oft kratzte er sich am Kopf und seufzte: »Ich weiß nicht, wie das noch einmal werden soll mit dir. Denn wie kannst du jemals Köhler werden? Du bist zu klein und überhaupt nicht stark. Wer soll deine Bäume tragen?«

Das betrübte auch den Josa sehr, wenn sein Vater sich grämte, denn sie gehörten doch zusammen. Wenn man aber an der Lichtung vorbeikam, wo die beiden wohnten, und sah, wie sie im Grase lagen und die Sonne ihnen auf die Beine schien, konnte man denken, das ist ein wunderbares Leben. Das hätte auch gestimmt, wenn die beiden nicht so betrübt gewesen wären. So verging ein Tag um den andern. Die Sonne schien auf sie herab, Regen kam vom Himmel, aber Josa wuchs und wuchs nicht.

Nun hatte der Josa aber einen Freund, der war ein Vogel. Damals verstanden die Köhlersleute noch, was die Vögel sangen. Als der Vogel eines Tages sah, wie der Josa unter einer Fichte saß und weinte, fragte er: »Warum?« – »Ach, weil alles so schlimm ist«, sagte der Josa. »Ich kann doch nie ein Köhler werden. Ich kann keine Bäume tragen, meine Schultern sind zu schmal.« – »Es braucht nicht jeder ein Köhler zu werden«, sagte der Vogel und das stimmt. Dann schenkte er ihm eine Vogelgeige, eine Zauberfiedel, nicht größer als eine Feder. Der Bogen war wie ein Grashalm und die Saiten so dünn, als wären sie unsichtbar. Er lehrte ihn, ein Lied darauf zu spielen, das klang so schön, dass es überall still wurde im Wald. »Ein Zauberlied!«, sagte der Vogel. »Wenn du es spielst, spürt jeder, der zuhört, eine Verzauberung.« – »Könnte ich damit die Welt verzaubern?« – »Die ganze Welt.« – »Auch Menschen?« – »Auch Menschen.« – »Macht es auch stark?« – »Jeder, der die Töne hört, wird größer werden und stärker.« – »Ich auch?« – »Du nicht. Wenn du stark wärest, könntest du nicht mehr spielen.« – »Dann will ich lieber fiedeln können«, sagte der Josa.

Dann lehrte der Vogel ihn das Lied rückwärts spielen. »Man braucht das manchmal. Jeder, der das hört, wird kleiner werden, bis er so klein ist wie ein Fliegenbein.« Rückwärts spielen war schwer und es klang seltsam.

»Könnte ich auch dem Mond vorspielen? Würde er dann auch kleiner oder größer?«, fragte der Josa den Vogel. – »Ja«, sagte der, »aber du musst den Weg dorthin finden. Da müsstest du ans Ende der Welt, dorthin, wo der Mond die Erde berührt und er dich hört.« – »Ich werde ihn finden. Dann wird mein Vater es von hier aus sehen können und sich freuen, weil ich das kann.«

Er übte sein Lied sieben Tage, vorwärts und rückwärts. Dann sagte er zu seinem Vater: »Lass mich bitte weggehen von hier und guck immer auf den Himmel, denn ich werde für dich den Mond verzaubern. Hier mit meiner Fiedel. Dann kannst du allen sagen: ›Das ist der Josa, mein Sohn, der das kann.‹« – »Ist gut, Junge!«, sagte der alte Jeromir, »geh, ich warte hier. Du kannst auch wiederkommen, ich bin immer zu Hause.«

Der Josa spielte ihm noch etwas auf der Fiedel vor und der alte Jeromir spürte so eine Kraft in sich, dass es nicht mehr schlimm war, dass sein Sohn wegging. Und der Josa machte sich auf den Weg. Aber der Weg war weit und der Josa klein. Bald taten ihm die Füße weh. Er setzte sich ins Gras, nahm seine Fiedel und spielte etwas. Leise, nur so für sich. Aber eine Ameise saß da und hörte zu. Sie begann zu wachsen, wurde größer als der Josa selber. »Das ist gut so«, sagte der Josa, »wir werden zusammen gehen. Zu zweit geht man leichter.« Er stieg auf ihren Rücken und sie zogen weiter durch das Land. Josa stopfte ihr Moos in die Ohren, damit sie nicht mehr weiterwuchs oder kleiner wurde, wenn er spielte, und der Wind verwehte die Töne. Bauern, die auf dem Acker Kartoffeln hackten, horchten manchmal gegen den Wind, vernahmen zwei, drei oder vier wunderbare Töne. Dann spürten sie Kraft in sich, aber wussten nicht, was es war. Hörten sie mehr, wuchsen sie. Etliche wurden auch kleiner, wenn er rückwärts spielte. Man kann es heute noch sehen: Überall gibt es kleinere und größere Leute.

Aber der Weg zum Mond war nicht leicht zu finden. Die Leute lachten, wenn der Josa sie danach fragte. Sie schickten ihn aus Spaß auch manchmal in eine falsche Richtung, da entlang und dort entlang. So kam er durch fast alle Dörfer und Städte. Er spielte auf Marktplätzen, aber sie gingen vorüber und hörten nicht zu. Er war zu klein und unauffällig. Manchmal lauschte ihm vielleicht eine Kuh, die da stand. Dann wurde sie größer und dicker und gab mehr Milch und der Bauer mag sich gewundert haben.

Einmal kam der Josa an einem Haus vorbei. Ein armer Tagelöhner mit Namen Burek und seine Frau wohnten darin. Sie besaßen nichts als eine kleine Gans, die legte jeden Tag ein kleines Ei. Zu wenig für zwei Leute. Der Josa klopfte an und fragte nach dem Weg zum Mond. »Ach, was nutzen einem tausend Wege zum Mond, wenn meine Gans keine Eier legt«, sagte der Burek. »Früher hab ich den Weg gewusst. Dann kam die Not und ich habe ihn vergessen.«

Die Gans war draußen auf der Wiese und suchte Futter. Der Josa spielte ihr das Lied vor und sie fing an zu wachsen, wurde groß und rundlich. Der Tagelöhner freute sich so, dass ihm auch der Weg wieder einfiel. Dort und dann da entlang, sagte er. Bis an das Maisfeld und dann müsse er weiterfragen.

Aber auf der gleichen Wiese haben damals auch kleine Gänseblumen gestanden. Auch sie fingen an zu wachsen, als der Josa spielte. Sie wurden groß und riesig und gelb wie die Sonne. – Sonnenblumen. Als dann der Herbst kam, verstreute der Wind die Samen und es wuchsen wieder Blumen daraus. Noch heute schmecken die Sonnenblumenkerne nach Zauberei.

Als der Josa an das Maisfeld kam, wo der Weg sich teilte, traf er eine alte Frau, die hatte eine Ziege. Die Frau war sehr arm und besaß nichts weiter als diese eine kleine Ziege. Und als er sie nach dem Weg zum Mond fragte, sagte sie: »Ach, der Weg zum Mond! Was nutzen einem tausend Wege zum Mond, wenn man Hunger und Not leidet. Früher habe ich ihn gewusst. Dann kam die Not und ich vergaß ihn. Hier meine Ziege, sie gibt kaum Milch.«

Da spielte der Josa für die Ziege und sie wurde groß und stattlich. Auf ihrem Fell wuchs schöne Ziegenwolle, daraus konnte die Frau Pullover stricken. Die Ziege gab wieder Milch und die Not hatte ein Ende. Da fiel der Frau auch der Weg zum Mond wieder ein. »Wenn du da entlang gehst, geradeaus, kommst du an ein Maisfeld. Da musst du weiterfragen.«

Bei dem Maisfeld traf er niemanden, nur ein einfaches Pferd. Wen anders sollte er fragen als das Pferd? »Mir ist alles egal«, sagte das Pferd. »Weg zum Mond oder zur Sonne. Ich möchte am liebsten nicht mehr leben.« – »Wieso?«, sagte Josa, »du bist doch groß und stark, hast hier genug zu fressen und die Sonne scheint dir auf den Rücken.« – »Aber der Bauer prügelt mich. Er lädt mir die doppelte Last auf, weil er denkt, ich spüre nichts. Aber ich spüre viel, das kannst du mir glauben.«

Da spielte der Josa sein Zauberlied rückwärts. Das Pferd wurde kleiner, einen Meter dreiundfünfzig, und es freute sich. »Wenn ich mir das so recht überlege, fällt mir auch der Weg zum Mond wieder ein. Alle Wege führen nämlich zum Mond, nur musst du immer geradeaus gehen. Niemals rechts abweichen, niemals links abweichen, dann kommst du an das Ende der Welt. Hinter dem Wald kommt das Wasser, wo der Mond jeden Abend heraussteigt. Da ist es.«

Der Josa ritt auf seiner Ameise weiter. Wenn du heute so ein kleines Pferd triffst, wirst du sehen, dass es ihm jetzt gut geht. Es braucht kaum zu arbeiten und wird immer gestreichelt. Hat der Josa gemacht.

Der Josa bog nicht rechts vom Weg ab und nicht links und kam so in das Land der blauen Hügel. Dort wunderten sich die Leute über ihn, denn er war fremd hier. Sie lauschten, wenn er spielte, und wuchsen oder wurden kleiner. Er wurde berühmt und bald kannte man ihn in allen Dörfern und Städten. Manchmal warteten sie auf den seltsamen kleinen Jungen auf der Riesenameise.

So blieb es nicht aus, dass der König des Landes von dem Jungen mit der Fiedel und der Zauberkraft erfuhr. »Wer ihm zuhört, der wird größer«, sagten die Leute zu ihrem König. »Und wenn er nicht aufhört?«, fragte der König. »Wächst man immer weiter.« – »Dann holt ihn sofort her!«

Wie jeder weiß, kann ein König nie groß genug sein. Die Boten brachten dem Josa den Befehl des Königs, aber der sagte: »Nein!« Er konnte Könige nicht leiden und Köhlerskinder lassen sich von keinem König der Welt befehlen. Als der König das erfuhr, geriet er in Zorn. Er brüllte, dass die Kronleuchter im Palast wackelten und schrie: »Dann bringt ihn mit Gewalt, zum Kuckuck!«

Er schickte die blauen Reiter aus, die sollten den Josa fangen. Sie hatten ihn bald entdeckt. Josa nahm seiner Ameise das Moos aus den Ohren und fiedelte sein Lied. Die Ameise wurde noch größer und raste in gewaltigem Galopp davon. Aber auch die blauen Reiter waren nicht von gestern. Sie gaben ihren Pferden die Sporen und kamen immer näher. Da hielt der Josa an und spielte das Vogellied rückwärts.

Je näher die Reiter kamen, umso kleiner wurden sie – klein wie Fliegenaugen, wie Mückenbeine – und verliefen sich im Gras. Nur einer nicht. Der wurde und wurde nicht klein, so laut und schnell der Josa auch spielte. Er war taub. Sein Pferd wurde klein und verschwand, genauso wie die Ameise. Der Blaue kam seelenruhig heran und überwältigte den Josa mit einer Hand, denn er war hundertmal stärker. Er nahm ihm die Fiedel weg, fesselte ihn, lud ihn auf den Rücken und schleppte ihn vor den König.

Der König ließ den Zauberfiedler ins Musikzimmer sperren. Als dann alle schliefen, machte er Türen und Fenster zu, keiner sollte von nun an auch nur einen Ton der verzauberten Musik hören. Nur er, der König. Er ganz allein wollte wachsen, größer werden, der Größte im Land und auf der ganzen Welt.

»Los, spiel!«, befahl er ihm, aber der Josa spielte rückwärts. Der König verspürte so ein Kribbeln, hielt das aber für die Zauberei. Erst als ihm die Krone zu groß wurde und über die Ohren fiel, wunderte er sich. Aber da war es zu spät. Der Josa fiedelte und fiedelte, der König wurde kleiner und kleiner, lief bald wie eine Fliege auf den Zacken der Krone herum und fiel, als er so klein war wie eine Laus, von einem Edelstein und verschwand auf Nimmerwiedersehen in einer Fußbodenritze.

Am nächsten Tag war ein großer Tumult im Palast, als man den König nicht mehr fand. Alle liefen durcheinander, denn jeder hoffte selber König zu werden, und niemand beachtete den kleinen Jungen mit der Fiedel. Der Josa ging unbemerkt an der Palastwache vorbei, ging weiter durch das Land der blauen Hügel, wanderte wieder durch die Welt und spielte. Er machte Reiche ärmer und Arme reich, machte Schwache stark und Starke schwächer und kam schließlich ans Ende der Welt. Dort blieb er. Und wenn der Mond vorbeiwandert, dann spielt der Josa. Dann wird der Mond groß oder klein. Das sieht der alte Köhler Jeromir in seinem Wald und weiß, das ist der Josa, sein Sohn, der das kann.

Manchmal in der Nacht, wenn es ganz still ist und der Wind aus dieser Richtung kommt, dann kannst du ein, zwei oder drei wunderbare Töne hören, wie Musik.

Die törichten Musikanten

Eine Sage von Ludwig Bechstein

Mehrere Musikanten aus Klein-Gölitz, die in Blankenburg beim Tanze aufgespielt hatten, gingen auf dem Nachhausewege am alten Schlosse vorüber. Der Mond beleuchtete die gelben Mauern und durch die verödeten Fenster neigten sich grüne Büsche. Der eine sagte: »Wie wäre es, Kameraden, wenn wir den alten Grafen, die da oben umwandeln, ein Ständchen brächten? Solche großen Herren nehmen das gar gut auf, zumal wenn sie so selten Musik hören wie da droben!«

Den andern war es recht und sie spielten einen gemütlichen Dreher. Die heiteren Weisen hallten lustig in die Nacht hinein und ihr Klang brach sich sanft widerhallend an den alten Mauern. Oben aus den Fensterhöhlen schienen verwitterte Gesichter freundlich zu nicken.

Als die letzten Töne verklangen, trat ein graues Männchen – die Musikanten hatten es nicht kommen sehen – zu ihnen, schenkte jedem einen Buchenzweig und sagte: »Bringt das euren Kleinen mit, die schnabulieren gern Bucheckern!«

Unterwegs warfen alle den Zweig lachend weg und sagten: »Wenn der wunderliche Mann uns wenigstens ein Zuckerbrötchen mitgegeben hätte, denn Bucheckern essen unsre Kleinen dieses Jahr nicht, da wir Nüsse die Fülle haben, in denen steckt doch ein ordentlicher Kern.« Nur der Geigenspieler steckte das Zweiglein zum Andenken an sein Instrument.

Des andern Morgens kamen seine Kinder fröhlich gehüpft und fragten: »Vater, was habt Ihr uns denn für gelbe Nüsschen mitgebracht? Die taugen doch nicht zum Essen, die sind so hart, dass man sich die Zähne dran ausbeißen könnte.« Als der Vater den Zweig betrachtete, da war er in reines Gold verwandelt und so wurde er der reichste Mann im Dorfe.

Die andern Musikanten durchsuchten nun jedes Gräschen am Wege, um ihr Zweiglein wiederzufinden, aber es blieb nicht nur verloren, sondern sie sollen noch obendrein von unsichtbaren Händen unbarmherzige Nasenstüber bekommen haben.

Der wunderliche Spielmann

Ein Märchen der Brüder Grimm

Es war einmal ein wunderlicher Spielmann, der ging durch einen Wald mutterseelenallein und dachte hin und her und als für seine Gedanken nichts mehr übrig war, sprach er zu sich selbst: »Mir wird hier im Walde die Zeit und Weile zu lang, ich will einen guten Gesellen herbeiholen.« Da nahm er die Geige vom Rücken und fiedelte eins, dass es durch die Bäume schallte.

Nicht lange, so kam ein Wolf durch das Dickicht dahergetrabt. »Ach, ein Wolf kommt! Nach dem trage ich kein Verlangen«, sagte der Spielmann. Aber der Wolf schritt näher und sprach zu ihm: »Ei, du lieber Spielmann, was fiedelst du so schön, das möcht ich auch lernen.« – »Das ist bald gelernt«, antwortete ihm der Spielmann, »du musst nur alles tun, was ich dich heiße.« – »O Spielmann«, sprach der Wolf, »ich will dir gehorchen wie ein Schüler seinem Meister.« Der Spielmann hieß ihn mitgehen und als sie ein Stück des Wegs zusammen gegangen waren, kamen sie an einen alten Eichbaum, der innen hohl und in der Mitte aufgerissen war. »Sieh her«, sprach der Spielmann, »willst du fiedeln lernen, so lege die Vorderpfoten in diesen Spalt.« Der Wolf gehorchte, aber der Spielmann hob schnell einen Stein auf und keilte ihm die beiden Pfoten mit einem Schlag so fest, dass er wie ein Gefangener liegen bleiben musste. »Warte da so lange, bis ich wiederkomme«, sagte der Spielmann und ging seines Weges.

Über eine Weile sprach er abermals zu sich selber: »Mir wird hier im Walde Zeit und Weile lang, ich will einen andern Gesellen herbeiholen«, nahm seine Geige und fiedelte wieder in den Wald hinein. Nicht lange, so kam ein Fuchs durch die Bäume dahergeschlichen. »Ach, ein Fuchs kommt!«, sagte der Spielmann. »Nach dem trage ich kein Verlangen.« Der Fuchs kam zu ihm heran und sprach: »Ei, du lieber Spielmann, was fiedelst du so schön, das möcht ich auch lernen.« – »Das ist bald gelernt«, sprach der Spielmann, »du musst nur alles tun, was ich dich heiße.« – »O Spielmann«, antwortete der Fuchs, »ich will dir gehorchen wie ein Schüler seinem Meister.«

»Folge mir«, sagte der Spielmann und als sie ein Stück des Wegs gegangen waren, kamen sie auf einen Fußweg, zu dessen beiden Seiten hohe Sträucher standen. Da hielt der Spielmann still, bog von der einen Seite ein Haselnussbäumchen zur Erde herab und trat mit dem Fuß auf die Spitze, dann bog er von der andern Seite noch ein Bäumchen herab und sprach: »Wohlan, Füchslein, wenn du etwas lernen willst, so reich mir deine linke Vorderpfote.« Der Fuchs gehorchte und der Spielmann band ihm die Pfote an den linken Stamm. »Füchslein«, sprach er, »nun reich mir die rechte.« Die band er ihm an den rechten Stamm. Und als er nachgesehen hatte, ob die Knoten der Stricke auch fest genug waren, ließ er los und die Bäumchen fuhren in die Höhe und schnellten das Füchslein hinauf, dass es in der Luft schwebte und zappelte. »Warte da so lange, bis ich wiederkomme«, sagte der Spielmann und ging seines Weges.

Wiederum sprach er zu sich: »Zeit und Weile wird mir hier im Walde lang. Ich will einen andern Gesellen herbeiholen«, nahm seine Geige und der Klang erschallte durch den Wald. Da kam ein Häschen dahergesprungen. »Ach, ein Hase kommt!«, sagte der Spielmann. »Den wollt ich nicht haben.« – »Ei, du lieber Spielmann«, sagte das Häschen, »was fiedelst du so schön, das möchte ich auch lernen.« – »Das ist bald gelernt«, sprach der Spielmann, »du musst nur alles tun, was ich dich heiße.« – »O Spielmann«, antwortete das Häslein, »ich will dir gehorchen wie ein Schüler seinem Meister.«

Sie gingen ein Stück Wegs zusammen, bis sie zu einer lichten Stelle im Wald kamen, wo ein Espenbaum stand. Der Spielmann band dem Häschen einen langen Bindfaden um den Hals, wovon er das andere Ende an den Baum knüpfte. »Munter, Häschen, jetzt spring mir zwanzigmal um den Baum herum«, rief der Spielmann und das Häschen gehorchte und wie es zwanzigmal herumgelaufen war, so hatte sich der Bindfaden zwanzigmal um den Stamm gewickelt und das Häschen war gefangen und es mochte ziehen und zerren wie es wollte, es schnitt sich nur den Faden in den weichen Hals. »Warte da so lange, bis ich wiederkomme«, sprach der Spielmann und ging weiter.

Der Wolf indessen hatte gezogen, an dem Stein gebissen und so lange gearbeitet, bis er die Pfoten frei gemacht und wieder aus der Spalte gezogen hatte. Voll Zorn und Wut eilte er hinter dem Spielmann her und wollte ihn zerreißen. Als ihn der Fuchs laufen sah, fing er an zu jammern und schrie aus Leibeskräften: »Bruder Wolf, komm mir zur Hilfe, der

Spielmann hat mich betrogen.« Der Wolf zog die Bäumchen herab, biss die Schnüre entzwei und machte den Fuchs frei, der mit ihm ging und an dem Spielmann Rache nehmen wollte. Sie fanden das gebundene Häschen, das sie ebenfalls erlösten, und dann suchten alle zusammen ihren Feind auf.

Der Spielmann hatte auf seinem Weg abermals seine Fiedel erklingen lassen und diesmal war er glücklicher gewesen. Die Töne drangen zu den Ohren eines armen Holzhauers, der alsbald, er mochte wollen oder nicht, von der Arbeit abließ und mit dem Beil unter dem Arme herankam, die Musik zu hören. »Endlich kommt doch der rechte Geselle«, sagte der Spielmann, »denn einen Menschen suchte ich und keine wilden Tiere.« Und er fing an und spielte so schön und lieblich, dass der arme Mann wie bezaubert dastand und ihm das Herz vor Freude aufging. Und wie er so stand, kamen der Wolf, der Fuchs und das Häslein heran und er merkte wohl, dass sie etwas Böses im Schilde führten. Da erhob er seine blinkende Axt und stellte sich vor den Spielmann, als wollte er sagen: »Wer an ihn will, der hüte sich, der hat es mit mir zu tun.« Da ward den Tieren angst und sie liefen in den Wald zurück. Der Spielmann aber spielte dem Manne noch eins zum Dank und zog dann weiter.

Die Fee Matuya oder: Wie die Geige entstand

Ein Zigeunermärchen

Es waren einmal ein armer Mann und eine arme Frau. Die hätten für ihr Leben gern ein Kind gehabt, aber sie bekamen keines. Eines Tages ging die Frau in den Wald. Da begegnete ihr eine alte Frau, der klagte sie ihren Kummer. »Nimm einen Kürbis«, sprach die Alte, »und fülle ihn mit Milch. Wenn du die Milch trinkst, so wirst du einen Sohn bekommen. Und wenn er groß ist, wird Glück und Ruhm mit ihm sein.«

Die Frau ging heim und tat, was die Alte ihr geraten hatte. Es vergingen wenig mehr als neun Monate, als sie einen Knaben zur Welt brachte. Aber statt Glück kam Unglück über ihn, denn nur kurze Zeit danach starb seine Mutter. Und als er zwanzig Jahre alt war, starb auch der Vater. Da machte er sich auf den Weg, ging fort von zu Hause und zog von Dorf zu Dorf und von Stadt zu Stadt.

Nach einiger Zeit kam er auch an dem Schloss des Königs vorbei. Als er zu den Fenstern emporschaute, da erblickte er die allerschönste Königstochter, schöner als er je ein Mädchen gesehen hatte. Und es schien ihm gar, als hätte sie ihm ein bisschen mit ihrem kleinsten Finger zugewinkt. Da war es um ihn geschehen. Er konnte nichts anderes mehr denken und er sann Tag und Nacht, wie er die schöne Königstochter gewinnen könnte.

Es hatte der König aber bekannt machen lassen, dass nur derjenige der Gemahl seiner Tochter und später König werden könnte, der ihm etwas brächte, was es vorher noch nie auf der Erde gegeben hätte. Viele Freier waren schon da gewesen. Sie hatten die seltensten und sonderbarsten Dinge vorgezeigt, aber alles hatte schon irgendwer irgendwann irgendwo gemacht. Und sie mussten unverrichteter Sache heimkehren.

Nun fasste sich unser Bursche ein Herz, trat vor den König hin und fragte: »Majestät, was soll ich Euch denn bringen, um die Hand Eurer Tochter zu gewinnen?« Über so viel Keckheit war der König aufs Äußerste erbost. Denn wenn er dem Burschen einen Gegenstand hätte nennen sollen, so hätte es ihn ja bereits geben müssen. Er rief die Diener und befahl: »Werft den Zigeunerburschen ins Gefängnis!« Da packten ihn die Dienstknechte und führten ihn in den Kerker.

Da saß er nun in tiefer Betrübnis und voll Kummer, sah keine Hoffnung für sich und begann zu weinen. Plötzlich bemerkte er einen hellen Schein und als er seine Augen erhob, stand die Fee Matuya vor ihm. Sie sah ihn freundlich an und reichte ihm einen Stab, der ein wenig gebogen war. Dann gab sie ihm einen Kasten – und in den legte sie ihr Lachen und ihr Weinen. Zuletzt schenkte sie ihm noch vier Haare von ihrem Haupt: ein gläsernes, ein seidenes, ein silbernes und ein goldenes. Und bevor er sich noch bedanken konnte, war sie wieder verschwunden.

Der Zigeunerbursche hielt die Geschenke der Fee in der Hand, teilte die Haare, spannte eine Hälfte über den gebogenen Stab und die andere über den Kasten und strich leise mit dem Bogen darüber hin. Da erklangen Töne so voller Traurigkeit und Sehnsucht, dass den Wärtern das Herz bewegt wurde und sie zum König liefen und berichteten, welch wunderbare Musik sie von dem Gefangenen vernommen hätten.

Darauf musste der Bursche zum König kommen und vor ihm spielen. Und wie er da in der hellen Sonne und in der Freiheit stand, spielte er ein Lied, in dem das Lachen der Fee Matuya erklang, sodass der König ganz vergnügt wurde. Er ließ seine Tochter holen. Und wie er sie in ihrer wunderbaren Schönheit sah, spielte der Bursche eine Melodie, die aus dem Lachen und dem Weinen der Fee gemischt war. Es war das schönste Liebeslied, das man je gehört hatte. Als es zu Ende war, ging die Königstochter auf ihn zu und streckte ihm beide Hände hin. Der König konnte ihn nun nicht mehr abweisen, denn das war die erste Geige, die er da gemacht und gespielt hatte.

Seit dieser Zeit hat die Geige immer wieder den Menschen die Herzen bewegt. Und wenn ein Zigeuner sie spielt, so erklingen darin das Weinen und das Lachen der Fee Matuya.

Märchen von allerlei musikalischem Spielzeug

Musikinstrumente wie Schnarre, Pfeife oder Schellentopf klingen ziemlich »ein-tönig«. Sie haben meist auch nur einen einzigen Ton. Und dieser gleicht oft eher einem Geräusch: durchdringend, zum Erschrecken laut, zum Davonlaufen schauerlich. Damit konnte man in alten Zeiten sogar dem Winter Beine machen und die bösen Geister zum Dorf hinausjagen.

Mit diesen Geräuschinstrumenten trieben Narren, Spaßvögel und nicht zuletzt die Kinder ihre Scherze. Es waren musikalische Spielzeuge, die sich jeder selbst machen konnte: Mit Schellenbändern um die Fußknöchel spielten die Kinder »Tanzbär« und im Frühling schnitten sie sich aus Holunderzweigen ein Pfeifchen. – Aber jener Schellentopf, der beim Erklingen der Schellen verrät, was es heute beim Nachbarn zu essen gibt, kommt wirklich nur im Märchen vor.

Und die Spieldose? Die hat ein geheimnisvolles Innenleben! Im Inneren der Dose werden Metallzungen angezupft, die fast so echt klingen wie der Gesang einer Nachtigall ...

Der Schweinehirt

Ein Märchen von Hans Christian Andersen

Es war einmal ein armer Prinz. Er hatte ein Königreich, das ganz klein war; aber es war immer noch groß genug, um darauf zu heiraten, und heiraten, das wollte er. Nun war es freilich etwas keck von ihm, dass er zur Tochter des Kaisers zu sagen wagte: »Willst du mich haben?« Aber er wagte es doch, denn sein Name war weit und breit berühmt. Es gab hunderte von Prinzessinnen, die gern ja gesagt hätten, aber ob sie es wohl tun würde? Wir wollen sehen.

Auf dem Grabe von des Prinzen Vater stand ein Rosenstrauch, ein gar herrlicher Rosenstrauch! Der blühte nur jedes fünfte Jahr und auch dann trug er nur eine einzige Rose – aber was für eine Rose! Die duftete so süß, dass man alle seine Sorgen und seinen Kummer vergaß, wenn man daran roch. Und dann hatte er eine Nachtigall, die konnte singen, als ob alle schönen Melodien in ihrer kleinen Kehle säßen. Diese Rose und diese Nachtigall sollte die Prinzessin haben und deshalb wurden sie beide in große Silberfutterale gesetzt und so ihr zugesandt.

Der Kaiser ließ sie vor sich her in den großen Saal tragen, wo die Prinzessin mit ihren Hofdamen ›Es kommt Besuch‹ spielte. Und als sie die großen Futterale mit den Geschenken darin erblickte, klatschte sie vor Freude in die Hände. »Wenn es doch eine kleine Mietzekatze wäre!«, sagte sie – aber da kam der Rosenstrauch mit der herrlichen Rose hervor. »Nein, wie ist die niedlich gemacht!«, sagten alle Hofdamen. »Sie ist mehr als niedlich«, sagte der Kaiser, »sie ist entzückend!« Aber die Prinzessin befühlte sie und da war sie nahe daran zu weinen. »Pfui!«, sagten alle Hofdamen, »sie ist natürlich!«

»Lasst uns erst sehen, was in dem anderen Futteral ist, bevor wir böse werden«, meinte der Kaiser. Und da kam die Nachtigall hervor, die sang so schön, dass man nicht gleich etwas Böses über sie sagen konnte. »Superbe! Charmant!«, sagten die Hofdamen, denn sie plauderten alle französisch, eine immer ärger als die andere. »Wie der Vogel mich an die Spieldose der seligen Kaiserin erinnert«, sagte ein alter Kavalier. »Ach das ist ganz derselbe Ton, derselbe Vortrag!« – »Ja«, sagte der Kaiser und dann weinte er wie ein kleines Kind.

»Es wird doch hoffentlich kein natürlicher Vogel sein?«, sagte die Prinzessin. »Ja, es ist ein natürlicher Vogel«, sagten die, welche ihn gebracht hatten. »So lasst den Vogel fliegen«, sagte die Prinzessin und sie wollte auf keine Weise gestatten, dass der Prinz käme.

Aber der ließ sich nicht einschüchtern: Er bemalte sich das Gesicht mit Braun und Schwarz, zog die Mütze tief über den Kopf und klopfte an. »Guten Tag, Kaiser!«, sagte er. »Könnte ich nicht hier auf dem Schloss einen Dienst bekommen?« – »Ja«, sagte der Kaiser, »es sind aber so sehr viele, die um Anstellung bitten, ich weiß daher nicht, ob ich dich brauchen kann. Ich werde aber an dich denken. Doch, da fällt mir eben ein, ich brauche jemanden, der die Schweine hüten kann, denn davon haben wir viele, sehr viele.«

Und der Prinz wurde angestellt als kaiserlicher Schweinehirt. Er bekam eine jämmerlich kleine Kammer unten beim Schweinestall und hier musste er bleiben. Aber den ganzen Tag saß er und arbeitete und als es Abend war, hatte er einen allerliebsten kleinen Topf gemacht. Rings um denselben waren Schellen und sobald der Topf kochte, klingelten sie aufs Schönste und spielten die alte Melodie:

>»Ach, du lieber Augustin,
>
>alles ist hin, hin, hin!«

Aber das Allerkünstlichste war doch, dass man, wenn man den Finger in den Dampf des Topfes hielt, sogleich riechen konnte, welche Speisen auf jedem Herd in der Stadt gekocht wurden. Das war wahrlich etwas ganz anderes als die Rose.

Nun kam die Prinzessin mit allen ihren Hofdamen daherspaziert und als sie die Melodie hörte, blieb sie stehen und sah ganz erfreut aus, denn sie konnte auch »Ach, du lieber Augustin« spielen. Es war die einzige Melodie, die sie konnte, aber die spielte sie mit einem Finger. »Das ist ja das, was ich kann!«, sagte sie. »Das muss ein gebildeter Schweinehirt sein! Höre, geh hinunter und frage ihn, was das Instrument kosten soll.« Und da musste eine der Hofdamen hinuntergehen. Aber sie zog Holzpantoffeln an. »Was willst du für den Topf haben?«, fragte die Hofdame. »Ich will zehn Küsse von der Prinzessin haben«, sagte der Schweinehirt. »Gott bewahre!«, sagte die Hofdame. »Ja, für weniger tue ich es nicht«, antwortete der Schweinehirt.

»Nun, was antwortete er?«, fragte die Prinzessin. »Das kann ich gar nicht sagen«, erwiderte die Hofdame. »Ei, so kannst du es mir ja ins Ohr flüstern.« Und so flüsterte sie. »Es ist unartig!«, sagte die Prinzessin und dann ging sie. Aber als sie ein kleines Stück gegangen war, erklangen die Schellen so lieblich:

>»Ach, du lieber Augustin,
>alles ist hin, hin, hin!«

»Höre«, sagte die Prinzessin, »frage ihn, ob er zehn Küsse von meinen Hofdamen haben will.« – »Ich danke schön«, sagte der Schweinehirt, »zehn Küsse von der Prinzessin oder ich behalte meinen Topf.« – »Das ist doch langweilig!«, sagte die Prinzessin. »Aber dann müsst ihr euch vor mich stellen, damit es niemand sieht.« Und die Hofdamen stellten sich davor, breiteten ihre Kleider aus und dann bekam der Schweinehirt die zehn Küsse und sie erhielt ihren Topf.

Nun, das war ein Vergnügen! Den ganzen Abend und den ganzen Tag musste der Topf kochen. Es gab nicht einen Herd in der ganzen Stadt, von dem sie nicht wussten, was darauf gekocht wurde, sowohl beim Kammerherrn wie beim Schuhmacher. Die Hofdamen tanzten und klatschten in die Hände. »Wir wissen, wer süße Suppe und Eierkuchen essen wird. Wir wissen, wer Grütze und Karbonade bekommt. Wie ist das doch interessant!« – »Höchst interessant!«, sagte die Oberhofmeisterin. »Ja, aber verratet nichts, denn ich bin des Kaisers Tochter.« – »Gott bewahre uns!«, sagten alle.

Der Schweinehirt, das heißt der Prinz – aber sie wussten es ja nicht anders, als dass er ein wirklicher Schweinehirt war – ließ keinen Tag verstreichen, ohne etwas zu tun, und so machte er eine Knarre, wenn man die herumschwang, erklangen alle die Walzer, Hopser und Polkas, die man seit Erschaffung der Welt kannte. »Aber das ist superbe!«, sagte die Prinzessin, indem sie vorbeiging. »Ich habe nie eine schönere Musik gehört. Höre, geh hinunter und frage ihn, was das Instrument kosten soll. Aber ich küsse ihn nicht wieder!« – »Er will hundert Küsse von der Prinzessin haben«, sagte die Hofdame, welche hinuntergegangen war, um zu fragen. »Ich glaube, er ist verrückt!«, sagte die Prinzessin und dann ging sie.

Aber als sie ein kleines Stück gegangen war, blieb sie stehen. »Man muss zur Kunst ermuntern«, sagte sie. »Ich bin des Kaisers Tochter! Sage ihm, er solle, wie neulich, zehn Küsse haben. Den Rest kann er von meinen Hofdamen bekommen.« – »Ach, aber wir tun es so ungern!«, sagten

die Hofdamen. »Das ist Geschwätz«, sagte die Prinzessin. »Wenn ich ihn küssen kann, so könnt ihr es auch. Bedenkt, ich gebe euch Kost und Lohn!« Und nun mussten die Hofdamen wieder zu ihm hinunter. »Hundert Küsse von der Prinzessin«, sagte er, »oder jeder behält das Seine.« – »Stellt euch vor uns«, sagte sie alsdann. Und da stellten alle Hofdamen sich davor und dann küsste er die Prinzessin.

»Was mag das wohl für ein Auflauf beim Schweinestall sein?«, fragte der Kaiser, welcher auf den Balkon hinausgetreten war. Er rieb sich die Augen und setzte die Brille auf. »Das sind ja die Hofdamen, die da ihr Wesen treiben. Ich werde wohl zu ihnen hinunter müssen.« Und so zog er seine Hausschuhe hinten herauf, denn es waren Schuhe, die er zu Pantoffeln niedergetreten hatte. Potz Wetter, wie er sich sputete!

Sobald er in den Hof hinunterkam, ging er ganz leise und die Hofdamen hatten so viel damit zu tun, die Küsse zu zählen, damit es ehrlich zugehe, dass sie den Kaiser gar nicht bemerkten. Er hob sich auf die Zehenspitzen. »Was ist das?«, sagte er, als er sah, dass sie sich küssten, und dann schlug er sie mit einem seiner Pantoffeln an die Köpfe, gerade als der Schweinehirt den sechsundachtzigsten Kuss erhielt. »Packt euch!«, sagte der Kaiser, denn er war böse. Und sowohl die Prinzessin als auch der Schweinehirt wurden aus seinem Kaiserreich hinausgestoßen.

Da stand sie nun und weinte. Der Schweinehirt schalt und der Regen strömte hernieder. »Ach, ich elendes Geschöpf«, sagte die Prinzessin. »Hätte ich doch den schönen Prinzen genommen. Ach, wie unglücklich bin ich!« Und der Schweinehirt ging hinter einen Baum, wischte das Schwarze und Braune aus seinem Gesicht, warf die schlechten Kleider von sich und trat nun in seinem Prinzengewand hervor, so schön, dass die Prinzessin sich verneigen musste. »Ich bin nun dahin gekommen, dass ich dich verachte«, sagte er. »Du wolltest keinen ehrlichen Prinzen haben. Du verstandest dich nicht auf die Rose und die Nachtigall, aber den Schweinehirten konntest du für eine Spielerei küssen. Das hast du nun dafür!« Und dann ging er in sein Königreich und machte ihr die Tür vor der Nase zu. Da konnte sie draußen stehen und singen:

»Ach, du lieber Augustin,
alles ist hin, hin, hin!«

Die Trillerpfeife, die Prinzessin und die Goldäpfel

Ein Märchen aus Frankreich

Es war einmal ein König, der hatte eine Tochter, die war so schön wie der Tag, aber sie konnte sich nicht entschließen zu heiraten. Es fehlte jedoch nicht an Grafen, Baronen, Herzögen und Markgrafen, die in des Königs Schloss ein- und ausgingen und gerne seine Tochter zur Frau genommen hätten. Es waren ihrer gar zu viele.

Als sie einundzwanzig Jahre alt wurde, befahl der Vater ihr schließlich, sich einen Gemahl zu nehmen. So kam es, dass die Prinzessin – sie war ein wenig schelmisch und wusste, dass viele Anwärter an ihre Stellung und an ihren Besitz dachten – auf eine drollige Idee kam. Es sollte sie nämlich derjenige zur Frau bekommen, der so geschickt wäre, dass er einen Goldapfel im Fluge auffangen könne. Im gesamten Königreich ließ sie ihre bevorstehende Hochzeit ankündigen. Die jungen Männer, die die Königstochter gerne geheiratet hätten, fuhren in wertvolle Gewänder gekleidet mit prachtvollen Kutschen zum Schloss des Königs.

Von einem benachbarten Dorf kam sogar ein Hirt, gut gewachsen und mit guten Manieren. Er hatte zwar wenig Aussichten, die Königstochter zu heiraten, aber er wollte die Gelegenheit nutzen, den König und seine Tochter zu sehen, von der man sagte, sie sei so schön. »Dort werden so viele Menschen sein, dass man mich wohl auch hineinlassen wird!«, dachte er bei sich. Er war neugierig auf alles, lustig wie eine Amsel und voller Gutmütigkeit.

Der Hirt näherte sich gerade dem Palast in seiner Sonntagsjacke und seinen sauberen Galoschen, als er einer alten, ganz gebeugten Frau begegnete. Ihr Haar war weiß und sie trug ein Bündel Holz, das viel zu schwer für sie war. Der Bursche hatte keine Angst vor Blasen an den Händen und er kannte das Gewicht der Holzbündel. »Gebt mir Euer Holz, Mütterchen, ich werde es Euch heimtragen.«

Reden verkürzt den Weg – und sie hatten viel zu schwatzen, das alte Weiblein und der Schafhirt. Das Mütterchen hatte wohl verstanden, wohin der beharrliche junge Mann ging, aber sie zeigte es ihm nicht. Er war ein entgegenkommender und hilfsbereiter Bursche, dieser Hirt. Bevor sie sich trennten, dankte sie ihm und wünschte ihm viel Glück. Sie schenkte ihm eine einfache Holzpfeife und sagte zu ihm: »Nimm diese Pfeife, mein Sohn. Sie wird dir gute Dienste leisten können.«

Eine Trillerpfeife passt gut zu einem Hirten mit seinem Hund und seiner Herde. Der Schäfer hatte schon mehrere solcher Pfeifen gehabt, aber er unterschätzte das Geschenk der Alten dennoch nicht und nahm von ihr Abschied, indem er zu ihr aufrichtigen Herzens sagte: »Schont Euch!«

Oh, was gab es für Anwärter hier im Hof und in den breiten Laubengängen des Schlosses! Es waren ihrer bestimmt hundert, vielleicht sogar zweihundert. Die Prinzessin – sie war so schön wie der Tag – bestieg die Stufen des Thrones, nahm aus ihrem Korb einen Goldapfel und warf ihn in den Saal hinein. »Wer kann ihn fangen? Wer fängt ihn nicht?« – Ein Goldapfel ist ziemlich schwer und die Verehrer hatten keine allzu große Lust, ihn auf den Kopf zu bekommen. Ihre Federhüte hatten sie nämlich vor der Prinzessin nicht gut aufbehalten können und im Gang aufhängen müssen. – Dreimal warf die Prinzessin einen Goldapfel und jedes Mal fürchteten die Herren, sie würden ein Beule abbekommen. Außerdem verfingen sie sich in all den Spitzen ihrer Gewänder, die sie tragen mussten, und wahrscheinlich hatten sie auch Angst, dass ihre Perücken verrutschen könnten.

Der Hirt saß in seiner Ecke, beobachtete dies alles und lachte. Als die Prinzessin aber den dritten Apfel warf, nahm er Schwung und fing den Goldapfel im Sprung so leicht, als hätte er sein Taschentuch von einer Hand in die andere geworfen. Die Prinzessin schaute den Schäfer an, der geschickter war, als all die anderen so schön herausgeputzten Herren. – Eine Prinzessin jedoch ist eine Prinzessin und ein Schafhirt ein Schafhirt! Das war die Meinung seiner Majestät des Königs.

Der König ließ den Schafhirten vor den Thron kommen und redete mit ihm in nicht allzu freundlichem Ton: »Fühle dich nicht als mein Schwiegersohn, Schafhirt. Bevor du meine Tochter zur Frau bekommst, musst du drei Prüfungen bestehen! Zuerst wirst du in den Wald gehen und dort meine Hasen hüten. Dann wirst du sie mir alle heute Abend zurückbringen.« – »Ich will es versuchen, Majestät«, antwortete der Hirte, denn die Königstochter war wirklich sehr hübsch und seitdem der Schafhirte den Goldapfel im Flug gefangen hatte, ging ihm der Gedanke, die Prinzessin zu heiraten, nicht mehr aus dem Kopf.

Da öffnete ein hoch gestellter Diener des Königs auch schon die Türe des Hasenstalls. Als der letzte Hase herauskam, war der erste schon fast nicht mehr zu sehen. – In diesem Augenblick erinnerte sich der Hirte an die Trillerpfeife der alten Frau. Kaum hatte er sich ihrer bedient, da drängten sich die hundert Hasen bereits um ihn, als wären es seine Schafe. Der erste Minister des Königs zog sich die Kleider eines Holz-fällers an und kam nachsehen, was geschehen war. Wie erstaunt war der König, als ihm der Minister berichtete, dass die hundert Hasen schön ruhig um den Hirten herum grasten.

Die Prinzessin – sie war für eine Prinzessin ziemlich pfiffig – verklei-dete sich als Bäuerin. Sie setzte sich eine Haube auf und zog sich Holz-schuhe an. Dann stieg sie auf einen Esel und zog alleine in den Wald. Vergebens spielte sie die Schlaue. Der Hirt erkannte sie bald, denn er hatte sie sich sehr lange angesehen. »Hirt, würdest du mir einen deiner Hasen verkaufen?«, fragte sie. »Oh nein, schönes Fräulein! Nicht einen meiner Hasen würde ich Euch verkaufen, um alles Gold der Welt nicht.

Meine Hasen sind nicht zu verkaufen, man muss sie sich verdienen.« –
»Was muss man tun, um sich einen zu verdienen?« – »Nichts
Besonderes, mein Fräulein! Ihr müsst nur von Eurem Esel heruntersteigen und Euch eine Viertelstunde zu mir ins Gras legen.«

Die Prinzessin hatte einen noch Pfiffigeren gefunden, als sie selbst es
war. Die Viertelstunde verging und sie schien ihr nicht zu lang. Der Hirt
grüßte sie höflich und ließ sie mit einem Hasen im Korb zurück zum
Schloss gehen. Als sie jedoch durch das Schlosstor ging, pfiff der Schäfer
einmal laut mit seine Trillerpfeife und der Hase kam schnurstracks zu
den anderen zurück.

Wie man sich vorstellen kann, war der König noch mehr erbost als
seine Tochter und ritt selbst – als Bauer verkleidet – auf einem Esel zu
der Weide hinaus. Er machte dem Hirten das gleiche Angebot wie die
Prinzessin. »Willst du mir einen deiner Hasen verkaufen, Hirt?« Der
Hirt erkannte den König sofort, wenn er ihn auch weniger angesehen
hatte als die Pinzessin. Der Hirt sagte: »Ich würde Euch keinen meiner
Hasen um alles Gold der Welt verkaufen, aber Ihr könnt Euch einen verdienen!« – »Was muss ich tun?«, fragte der König. »Das ist ganz einfach«, sagte der Hirt. »Ihr braucht Euren Esel nur dreimal unter den
Schwanz zu küssen.« Einen solchen Scherz durfte man sich eigentlich
mit einem König nicht erlauben! Aber obwohl er ein König war, folgte er
doch. Dann stieg er auf seinen Esel und hielt dabei den Korb mit dem
Hasen ganz fest. Ein Pfiff des Hirten jedoch – und der Hase blieb nicht
lange im Korb des Königs ...

Der König wollte sich nicht damit abfinden, dass der Hirt die erste
Prüfung bestanden hatte und sann nach einer schwierigeren Aufgabe.
Die drei Küsse, die er dem Esel gegeben hatte – und ihr wisst wohin –,
trafen ihn schwer. »Noch in dieser Nacht«, sagte er zu dem Burschen,
»wirst du in meinen Speicher kommen. Dort liegen hundert Scheffel
Erbsen und hundert Scheffel Linsen zusammengeworfen. Du wirst sie
mir in zwei getrennte Haufen auseinander lesen, bevor die Sonne aufgeht!« – »Jetzt bin ich wohl versorgt«, dachte der Hirt, der lieber in seinem Bett geschlafen hätte. Verzweifeln wollte er jedoch nicht! Hatte
nicht er danach verlangt, den Goldapfel zu bekommen?

Als er im Speicher des Königs saß, dachte er an die Pfeife der alten
Frau und wieder nahm er sie zur Hand. Da kamen ihm hunderte von

Ameisen zu Hilfe und es war eine gute und schnelle Arbeit, die sie da verrichteten. Der Hirt dankte seinen geschickten Helfern und schlief in Ruhe bis zum nächsten Morgen.

Der König war völlig überrascht, als er sah, dass die Erbsen und Linsen fein säuberlich getrennt waren. Der Hirt war fast dabei, ihn Schwiegervater zu nennen, nur war dazu nicht der richtige Zeitpunkt! – Der König verstand, dass dieser Hirt kein gewöhnlicher Mensch war. Dennoch wollte er ihm eine noch schwierigere Aufgabe stellen. Er war überzeugt, dieses Mal von ihm Unmögliches zu verlangen. »Ich werde dich in der Backstube des Palastes einsperren und am Morgen musst du das ganze Brot aufgegessen haben, wenn du meine Tochter wirklich heiraten willst.«

Ihr könnt euch denken, wie viel Brot man für all die Leute brauchte, die um den König lebten, die Herrschaften, Zofen und Hofdamen, ohne von dem König und der Prinzessin zu reden, die bestimmt nicht dreimal am Tag Suppe aßen. Als der Hirt den großen Berg von Brotlaiben und Gebäck sah, die er in einer Nacht verschlingen sollte, war er zutiefst erschrocken. Dann aber dachte er an seine Trillerpfeife, die ihm bisher so viel Erfolg gebracht hatte. Er zog sie schnell aus seiner Tasche und pfiff auf ihr. Da kamen aus allen Ecken Mäuse und Ratten hervor, große und kleine, alle Ratten der Welt. Sie machten sich ans Werk und fraßen so viel, dass das ganze Brot vor Ende der Nacht verzehrt war.

Als der König am Morgen in die Backstube kam, lachte er bitter. »Ich kann dir meine Tochter nicht mehr verweigern«, sagte er. »Ich werde dich dennoch um eine kleine Arbeit bitten, damit wir uns einig werden.« Vier Prüfungen – das war kein ehrliches Spiel für einen König, denn seine Majestät hatten nur drei angekündigt. »Du wirst mir einen Sack voll Lügen füllen und sobald ich dir sage, dass der Sack voll ist, wirst du meine Tochter zur Frau bekommen.« Was hättet ihr an der Stelle des Hirten getan? Da ihn Schalkhaftigkeit überfiel, erzählte er: »Während ich im Wald meine Hasen hütete, Majestät, kam die Prinzessin zu mir, als Bäuerin verkleidet. Ich habe sie gebeten, sich zu mir ins Gras zu legen und eine Viertelstunde mit mir zu verbringen. Sie hat sich zu mir gelegt und hat mir einen Kuss gegeben.« »Oh!«, sagte der König. »Das ist eine große Lüge, der Sack ist schon halb voll.« – »Das ist noch nicht alles«, sagte der Hirt. »Der König ist als Bauer verkleidet gekommen. Er hat mir einen meiner Hasen abkaufen wollen und ich habe ihn gezwungen, mir ...« Schluss, Schluss!«, sagte der König. »Du hast schon genug erzählt, der Sack ist voll.«

So musste der König den Hirten mit der Prinzessin verheiraten, worüber sie sich nicht einmal beklagte. Und wer weiß: Vielleicht half dem Hirten die Trillerpfeife noch sehr oft. Eine Pfeife, so wie die seine, habe ich wohl überall gesucht, aber nirgendwo mehr gefunden.

Der Rattenfänger von Hameln

Eine Sage von Ludwig Bechstein

Es geschah im Jahre 1284, dass ein Mann von wunderlichem Aussehen und bunter Tracht nach Hameln kam. Das war ein Rattenfänger und er versprach, gegen ein gewisses Geld die ganze Stadt von dem Ungeziefer der Ratten und Mäuse, das überhand genommen hatte, zu befreien. Das Geld wurde ihm von einem hohen Rate und der Bürgerschaft zugesichert. Darauf zog der Mann ein Pfeifchen hervor, ging durch die Gassen und pfiff und siehe, da kamen die Ratten und Mäuse aus allen Häusern gesprungen und liefen in Scharen hinter ihm drein.

Nachdem nun der Rattenpfeifer durch alle Gassen gegangen war, wandelte er mit seinem grauen Gefolge durch das Wesertor hinaus dem Strome zu, schürzte sein Gewand und ging in den Strom. Die Ratten und Mäuse folgten ihm blindlings nach und ertranken.

Nun waren aber die Bürger zu Hameln damals geradeso erschreckend klug, wie viele Menschen noch heutzutage – und das nicht nur in Hameln, sondern überall. Sie legten den Maßstab des Lohnes nicht an die Kunst und Wissenschaft, sondern an die Arbeit und Plage, die einer hat, um etwas zu vollbringen, und sprachen unter sich: »Es ist doch sündhaft viel Geld, was dieser Rattenfänger sich ausbedungen hat für so gar keine Mühe! Ja, wenn er Fallen gestellt und Gift gelegt hätte in jedem Hause, das ließe sich hören! Aber so! Und ist es nicht heillos, dass er das Ungeziefer in die Weser gelockt hat, wo es nun die Fische fressen? Da mag ein anderer Weserfische essen, wir danken dafür. Und womit hat er es denn vollbracht? Mit einem Satanskunststück! Vielleicht war es überhaupt nur ein Blendwerk! Wenn er das Geld hat und fort ist, haben wir am Ende unsere Ratten wieder! Wir wollen ihm deshalb nur das halbe Geld geben und wenn ihm das nicht recht ist, so wollen wir ihn als einen Zauberer in den Turm werfen und erst einmal abwarten, ob die Ratten und Mäuse nicht wiederkommen.«

So sprachen die vorsichtigen und weisen, auch höchst sparsamen Bürger und Ratsherren zu Hameln zuerst unter sich. Dann hielten sie das alles dem Rattenfänger vor, boten ihm das halbe Geld und drohten ihm mit dem Turme. Da nahm der Künstler das Geld und ging im Zorn davon.

Darauf geschah es, dass am Tage Johannis und Pauli, der heiligen Märtyrer, es war der 26. Tag des Heumondes, derselbe Rattenfänger wieder in den Straßen zu Hameln gesehen wurde, als die Leute in der Kirche waren. Er war aber in der Tracht eines Jägers mit einem roten, verwunderlichen Hut und pfiff durch alle Gassen. Da kamen aber keine Ratten und Mäuse aus den Häusern, denn die blieben vertrieben und aufgerieben, wohl aber die Kinder, Jungen und Mädchen vom vierten Jahre an! Sie liefen dem Rattenfänger nach. Zwischen ihnen war auch eine schon ziemlich große Tochter des Bürgermeisters, der am meisten den Künstler angeschnurrt und bedroht hatte. Die Kinder folgten ihm mit großer Freude, führten sich an den Händen und hatten ihren Spaß daran. Selbst ein blinder und ein stummer Knabe gingen als die letzten mit im Zuge: Der Stumme führte den Blinden. Hinterdrein kam noch eine Kindsmagd, die ein Kind im Mantel trug, die wollte auch sehen, wo es denn hingehen sollte.

Der Schwarm zog mit dem Jäger an der Spitze die schmale Gasse zum Ostertor hinauf und dann hinaus dem Koppelberg (Köppen) zu. Der tat sich auf! Der Pfeifer ging voran und die Kinder folgten. Nur der stumme Knabe und der Blinde blieben draußen, weil der Blinde nicht so schnell gehen konnte, denn knapp vor ihnen tat sich der Berg mit einem Male wieder zu. Da wandte sich die Kindsmagd auch wieder um und schrie in der Stadt umher, dass die Kinder in den Koppelberg geführt worden seien!

Welch ein großer Schrecken! Die Kirche wurde geschlossen, die Eltern eilten voll Angst hinaus zum Berge, doch kaum fanden sie noch eine schmale Schlucht als Wahrzeichen. Einhundertunddreißig Kinder kamen so hinweg! Man sah sie nimmer wieder. In der ganzen Stadt war nun ein herzzerreißendes Jammern und Wehklagen. Und aufs Neue ward schmerzlich offenbar, dass der blödsinnige Geiz und die törichte Sparsucht die Wurzeln allen Übels sind.

Lange, lange trauerte Hameln um seine verlorenen Kinder. Zwei steinerne Grabkreuze wurden ihnen an der Stelle geweiht, wo der Berg sich hinter den Kindern zugetan hatte, eines für die Jungen und eines für die Mädchen. In der Straße, durch die der Zug zuletzt gegangen war, durfte nie wieder Trommelschall und Musikgetöne laut werden. Selbst der Brautzüge Musik musste in ihr verstummen, deshalb wird sie auch bis heute die Bunge-Straße (trommellose Straße) genannt, weil in ihr nicht getrommelt werden darf.

Der Unglückstag blieb schwarz angeschrieben in Hamelns Annalen. Das Rathaus verewigte sein Andenken in einer Steinschrift mit diesen Zeilen:

»Im jar 1284 na Christi gebort
tho Hamel worden uthgevort [ausgeführt]
hundert vnd driczig kinder do sülvest [daselbst] geborn
dorch enen piper unter den köppen verlorn.«

An der neuen Pforte wurde die Kunde lateinisch in Stein geschrieben. Im Jahre 1572 ließ der damalige Bürgermeister die Wundermär in der Glasmalerei der Kirchenfenster bildlich erneuern. Von Mund zu Munde gehend, hätte sie auch ohne das unsterblich fortgelebt.

Später wurde die Sage noch erweitert und erzählt, dass die Kinder von Hameln unter der Erde hinweg nach dem Lande Siebenbürgen geführt worden seien, wo sie wieder an das Tageslicht gekommen seien und dort, nachdem sie erwachsen waren, den sächsisch-deutschen Volksstamm begründet hätten.

Den grausamen Rattenfänger und Teufelspfeifer hat niemand wiedergesehen. Aber nach ihm haben hernach alle Ratten- und Mäusefänger des Heiligen Römischen Reiches dieselbe bunte Tracht angelegt und sich »Kammerjäger« genannt.

Die Nachtigall

Ein Märchen von Hans Christian Andersen

In China, weißt du wohl, ist der Kaiser ein Chinese, und alle, die er um sich hat, sind auch Chinesen. Es ist nun viele Jahre her, aber gerade deshalb ist es wert, die Geschichte zu hören, ehe sie vergessen wird. Des Kaisers Schloss war das prächtigste in der Welt. Ganz und gar von feinem Porzellan, sehr kostbar, aber so zerbrechlich, so misslich, daran zu rühren, dass man sich ordentlich in Acht nehmen musste. Im Garten sah man die wunderlichsten Blumen und an die allerprächtigsten waren Silberglocken gebunden, welche erklangen, damit man nicht vorbeigehen möchte, ohne die Blumen zu bemerken.

Ja, alles war in des Kaisers Garten fein ausgedacht. Und er erstreckte sich so weit, dass der Gärtner selbst das Ende desselben nicht kannte. Ging man immer weiter, so kam man in den herrlichsten Wald mit hohen Bäumen und tiefen Seen. Der Wald ging gerade hinunter bis zum Meer, welches blau und tief war. Große Schiffe konnten bis unter die Zweige hinsegeln und in diesen wohnte eine Nachtigall, die so herrlich sang, dass selbst der arme Fischer, der so viel anderes zu tun hatte, still hielt und horchte, wenn er des Nachts ausgefahren war, um das Fischnetz aufzuziehen, und dann die Nachtigall hörte. »Ach Gott, wie ist das schön!«, sagte er. Aber dann musste er auf seine Sachen Acht geben und vergaß den Vogel. Doch wenn dieser in der nächsten Nacht wieder sang und der Fischer dorthin kam, sagte er dasselbe: »Ach Gott, wie ist das doch schön!«

Aus allen Ländern der Welt kamen Reisende in die Stadt des Kaisers und bewunderten dieselbe, das Schloss und den Garten. Doch wenn sie die Nachtigall zu hören bekamen, sagten sie alle: »Das ist doch das Beste!« Und die Reisenden erzählten davon, wenn sie nach Hause kamen, und die Gelehrten schrieben viele Bücher über die Stadt, das Schloss und den Garten. Aber auch die Nachtigall vergaßen sie nicht, die wurde am höchsten gestellt. Und die, welche dichten konnten, schrieben die herrlichsten Gedichte über die Nachtigall im Wald bei der tiefen See.

Die Bücher durchliefen die Welt und einige kamen dann auch einmal dem Kaiser zu Gesicht. Er saß in seinem goldenen Stuhl und las und las. Jeden Augenblick nickte er mit dem Kopf, denn es freute ihn, die prächtigen Beschreibungen der Stadt, des Schlosses und des Gartens zu vernehmen. »Aber die Nachtigall ist doch das Allerbeste!«, stand da geschrieben. »Was ist das?«, sagte der Kaiser. »Die Nachtigall kenne ich ja gar nicht! Ist ein solcher Vogel hier in meinem Kaiserreich und sogar in meinem Garten? Das habe ich nie gehört! So etwas muss man gar erst aus Büchern erfahren?« Und dann rief er seinen Kavalier. Der war so vornehm, dass, wenn jemand, der geringer war als er, mit ihm zu sprechen oder ihn nach etwas zu fragen wagte, er weiter nichts erwiderte als: »P!«, und das hat nichts zu bedeuten.

»Hier soll ja ein höchst merkwürdiger Vogel sein, welcher Nachtigall genannt wird!«, sagte der Kaiser. »Man sagt, dies sei das Allerbeste in meinem großen Reich. Weshalb hat man mir nie etwas davon gesagt?« – »Ich habe ihn früher nie nennen hören!«, sagte der Kavalier. »Er ist nie bei Hofe vorgestellt worden!« – »Ich will, dass er heute Abend herkommen und vor mir singen soll!«, sagte der Kaiser. »Die ganze Welt weiß, was ich habe, und ich weiß es nicht!« – »Ich habe ihn früher nie nennen hören!«, sagte der Kavalier. »Ich werde ihn finden!«

Aber wo war der zu finden? Der Kavalier lief alle Treppen auf und nieder, durch Säle und Gänge, aber keiner von allen denen, auf die er traf, hatte von der Nachtigall sprechen hören. Und der Kavalier lief wieder zum Kaiser und sagte, dass es sicher eine Fabel von denen sein müsste, die da Bücher schrieben. »Dero Kaiserliche Majestät dürfen gar nicht glauben, was alles geschrieben wird! Das sind Erdichtungen und etwas, was man schwarze Kunst nennt.« – »Aber das Buch, in dem ich dieses gelesen habe«, sagte der Kaiser, »ist mir von dem großmächtigen Kaiser von Japan gesandt und es kann also keine Unwahrheit sein. Ich will die Nachtigall hören! Sie muss heute Abend hier sein! Sie hat meine höchste Gnade! Und kommt sie nicht, so soll dem ganzen Hof auf den Leib getrampelt werden, wenn er Abendbrot gegessen hat!«

»Tsing-pe!«, sagte der Kavalier und lief wieder alle Treppen auf und nieder, durch alle Säle und Gänge. Und der halbe Hof lief mit, denn sie wollten nicht gern auf den Leib getrampelt sein. Da gab es Fragen nach der merkwürdigen Nachtigall, welche die ganze Welt kannte, nur niemand bei Hofe.

Endlich trafen sie ein kleines, armes Mädchen in der Küche. Die sagte: »O Gott, die Nachtigall, die kenne ich gut, ja, wie kann die singen!

Jeden Abend habe ich die Erlaubnis, meiner armen, kranken Mutter Überbleibsel vom Tisch mit nach Hause zu bringen. Sie wohnt unten am Strand und wenn ich zurückgehe, müde bin und im Wald ausruhe, dann höre ich die Nachtigall singen! Es kommt mir dabei das Wasser in die Augen und es ist gerade, als ob meine Mutter mich küsste!« – »Kleine Köchin«, sagte der Kavalier, »ich werde dir eine Anstellung in der Küche und die Erlaubnis, den Kaiser speisen zu sehen, verschaffen, wenn du uns zur Nachtigall führen kannst, denn sie ist für heute Abend angesagt.«

Und so zogen sie alle hinaus in den Wald, wo die Nachtigall zu singen pflegte; der halbe Hof war mit. Als sie im besten Zuge waren, fing eine Kuh zu brüllen an. »Oh«, sagten die Hofjunker, »nun haben wir sie! Das ist doch eine merkwürdige Kraft in einem so kleinen Tier! Die habe ich sicher schon früher gehört!« – »Nein, das sind Kühe, welche brüllen!«, sagte die kleine Köchin. »Wir sind noch weit von dem Ort entfernt!«

Nun quakten die Frösche im Sumpf. »Herrlich!«, sagte der chinesische Hofprediger. »Nun höre ich sie. Es klingt gerade wie kleine Kirchenglocken.« – »Nein, das sind Frösche!«, sagte die kleine Köchin. »Aber nun denke ich, werden wir sie bald hören!«

Da begann die Nachtigall zu singen. »Das ist sie!«, sagte das kleine Mädchen. »Hört! Hört! Und da sitzt sie!« Und sie zeigte nach einem kleinen, grauen Vogel oben in den Zweigen. »Ist es möglich!«, sagte der Kavalier. »So hätte ich sie mir nie gedacht! Wie sie simpel aussieht! Sie hat sicher ihre Farbe darüber verloren, dass sie so viele vornehme Personen um sich erblickt!«

»Kleine Nachtigall!«, rief die kleine Köchin ganz laut, »unser gnädigster Kaiser wünscht, dass Sie vor ihm singen möchten!« – »Mit dem größten Vergnügen!«, sagte die Nachtigall und sang dann, dass es eine Lust war. »Es klingt gerade wie Glasglocken!«, sagte der Kavalier. »Und seht die kleine Kehle, wie sie arbeitet! Es ist merkwürdig, dass wir sie früher nie gehört haben! Sie wird großen succès bei Hofe machen!«

»Soll ich noch einmal vor dem Kaiser singen?«, sagte die Nachtigall, welche glaubte, der Kaiser sei auch zugegen. »Meine vortreffliche, kleine Nachtigall!«, sagte der Kavalier. »Ich habe die große Freude, Sie zu einem Hoffest heute Abend einzuladen, wo Sie dero hohe kaiserliche Gnaden mit Ihrem charmanten Sang bezaubern werden!« – »Der nimmt

sich am besten im Grünen aus!«, sagte die Nachtigall. Aber sie kam doch gern mit, als sie hörte, dass es der Kaiser wünsche.

Auf dem Schloss war ordentlich aufgeputzt. Die Wände und der Fußboden, welche von Porzellan waren, glänzten im Strahle vieler tausend Goldlampen. Die prächtigsten Blumen, welche recht klingeln konnten, waren in den Gängen aufgestellt. Das war ein Laufen und ein Zugwind und alle Glocken klingelten so, dass man sein eigenes Wort nicht hören konnte.

Mitten in dem großen Saal, wo der Kaiser saß, war ein goldener Stecken hingestellt und auf dem sollte die Nachtigall sitzen. Der ganze Hof war da und die kleine Köchin hatte die Erlaubnis bekommen, hinter der Tür zu stehen, da sie nun den Titel einer wirklichen Hofköchin bekommen hatte. Alle waren in ihrem größten Putz und alle sahen nach dem kleinen grauen Vogel, dem der Kaiser zunickte.

Und die Nachtigall sang so herrlich, dass dem Kaiser die Tränen in die Augen traten. Die Tränen liefen ihm über die Wangen hinab und da sang die Nachtigall noch schöner. Das ging recht zu Herzen. Der Kaiser war so froh, dass er sagte, die Nachtigall solle seinen goldenen Pantoffel um den Hals zu tragen bekommen. Aber die Nachtigall dankte, sie habe schon Belohnung genug erhalten: »Ich habe Tränen in des Kaisers Augen gesehen, das ist mir der reichste Schatz! Eines Kaisers Tränen haben eine besondere Kraft! Gott weiß es, ich bin genug belohnt.« Und darauf sang sie wieder mit ihrer süßen, herrlichen Stimme.

»Das ist die liebenswürdigste Koketterie, die ich kenne!«, sagten die Damen ringsherum und dann nahmen sie Wasser in den Mund, um zu glucken, wenn jemand mit ihnen spräche. Sie glaubten, dann auch Nachtigallen zu sein. Ja, die Lakaien und Kammermädchen ließen melden, dass auch sie zufrieden seien, und das will viel sagen, denn sie sind am schwersten zu befriedigen. Kurz, die Nachtigall machte wahrhaft Glück. Sie sollte nun bei Hofe bleiben, ihr eigenes Gebauer sowie die Freiheit haben, zweimal des Tages und einmal des Nachts herauszuspazieren. Sie bekam dann zwölf Diener mit, welche alle ein Seidenband ihr um das Bein geschlungen hatten, an dem sie sie recht festhielten. Es war durchaus kein Vergnügen bei einem solchen Ausflug.

Die ganze Stadt sprach von dem merkwürdigen Vogel und begegneten sich zwei, so sagte der eine nichts anderes als: »Nacht!« und der andere sagte: »gall!« Und dann seufzten sie und verstanden einander. Ja, elf Hökerkinder wurden nach ihr benannt, aber nicht eins von ihnen hatte einen Ton in der Kehle.

Eines Tages erhielt der Kaiser ein großes Paket, auf dem geschrieben stand: »Die Nachtigall.« – »Da haben wir nun ein neues Buch über unsern berühmten Vogel!«, sagte der Kaiser. Aber es war kein Buch, sondern ein kleines Kunstwerk, welches in einer Schachtel lag: eine künstliche Nachtigall, die der lebenden gleichen sollte, allein überall mit Diamanten, Rubinen und Saphiren besetzt war. Sobald man den Kunstvogel aufzog, konnte er eins der Stücke, die der wirkliche sang, nachsingen. Und dann bewegte sich der Schweif auf und nieder und glänzte von Silber und Gold. Um den Hals hing ein kleines Band und darauf stand geschrieben: »Des Kaisers von Japan Nachtigall ist arm gegen die des Kaisers von China.«

»Das ist herrlich!«, sagten sie alle und der, welcher den künstlichen Vogel gebracht hatte, erhielt sogleich den Titel ›Kaiserlicher Obernachtigallenbringer‹. »Nun müssen sie zusammen singen, was wird das für ein Duett werden!« Und so mussten sie zusammen singen. Aber es wollte nicht recht gehen, denn die wirkliche Nachtigall sang auf ihre Weise und der Kunstvogel ging auf Walzen. »Der hat keine Schuld«, sagte der Spielmeister, »der ist besonders taktfest und ganz nach meiner Schule!« Nun sollte der Kunstvogel allein singen. Er brachte ebenso viel Glück wie der wirkliche und dann war er ja so viel niedlicher anzusehen. Er glänzte wie Armbänder und kostbare Anstecknadeln. Dreiunddreißig Mal sang er ein und dasselbe Stück und war doch noch nicht müde. Die Leute hätten ihn gern immer wieder aufs Neue gehört, aber der Kaiser meinte, dass nun auch die lebendige Nachtigall etwas singen solle. Aber wo war die? Niemand hatte bemerkt, dass sie aus dem offenen Fenster zu ihren grünen Wäldern fortgeflogen war.

»Was ist das!«, sagte der Kaiser. Und alle Hofleute schalten und meinten, dass die Nachtigall ein höchst undankbares Tier sei. »Den besten Vogel haben wir doch!«, sagten sie. Und so musste denn der Kunstvogel wieder singen und das war das vierunddreißigste Mal, dass sie dasselbe Stück zu hören bekamen. Aber sie konnten es doch noch nicht ganz auswendig, denn es war schwer. Und der Spielmeister lobte den Vogel ganz außerordentlich, ja, er versicherte, dass er besser als eine wirkliche Nachtigall sei, nicht nur äußerlich, hinsichtlich der Kleider und der vielen Diamanten, sondern auch innerlich. »Denn sehen Sie, meine Herrschaften – der Kaiser vor allem: Bei der wirklichen Nachtigall kann man nie berechnen, was da kommen wird, aber bei dem Kunstvogel ist alles bestimmt! Man kann es erklären, man kann ihn aufmachen und das menschliche Denken zeigen, wie die Walzen liegen, wie sie gehen und wie das eine aus dem andern folgt!«

»Das sind ganz meine Gedanken!«, sagten sie alle und der Spielmeister erhielt die Erlaubnis, am nächsten Sonntag den Vogel dem Volke zu zeigen. Es sollte ihn auch singen hören, befahl der Kaiser. Und es hörte ihn und es wurde so vergnügt, als ob es sich an Tee berauscht hätte, denn das ist so ganz chinesisch. Und da sagten alle: »Oh!« und hielten den Zeigefinger in die Höhe und nickten dazu. Aber die armen Fischer, welche die wirkliche Nachtigall gehört hatten, sagten: »Das klingt ganz hübsch, die Melodien gleichen sich auch, aber es fehlt etwas, ich weiß nicht, was!« Die wirkliche Nachtigall ward aus dem Lande und Reiche verwiesen.

Der Kunstvogel hatte seinen Platz auf einem Seidenkissen dicht bei des Kaisers Bett. Alle die Geschenke, welche er erhalten, Gold und Edelsteine lagen rings um ihn her und im Titel war er zu einem ›Hochkaiserlichen Nachttischsänger‹ gestiegen, bis zum ersten Rang zur linken Seite. Denn der Kaiser rechnete die Seite für die vornehmste, auf der das Herz saß, und das Herz sitzt auch bei einem Kaiser links. Und der Spielmeister schrieb ein Werk von fünfundzwanzig Bänden über den Kunstvogel. Das war so gelehrt und so lang, voll von den allerschwersten chinesischen Wörtern, dass alle Leute sagten, sie hätten es gelesen und verstanden, denn sonst wären sie ja dumm gewesen und auf den Leib getrampelt worden.

So ging es ein ganzes Jahr. Der Kaiser, der Hof und alle die andern Chinesen konnten jeden kleinen Gluck in des Kunstvogels Gesang auswendig. Aber gerade deshalb gefiel er ihnen jetzt am allerbesten. Sie konnten selbst mitsingen und das taten sie. Die Straßenbuben sangen: »Zizizi! Gluckglockgluck!«, und der Kaiser sang es ebenfalls. Ja, das war gewiss prächtig!

Aber eines Abends, als der Kunstvogel am besten sang und der Kaiser im Bett lag und zuhörte, sagte es inwendig im Vogel: »Schwupp!« Da sprang etwas! »Schnurrr!« Alle Räder liefen herum und dann stand die

Musik still. Der Kaiser sprang gleich aus dem Bett und ließ seinen Leibarzt rufen, aber was konnte der helfen! Dann ließen sie den Uhrmacher holen und nach vielem Sprechen und Nachsehen kam der Vogel etwas in Ordnung. Aber er sagte, dass er sehr geschont werden müsse, denn die Zapfen seien abgenutzt und es sei unmöglich, neue so einzusetzen, dass die Musik richtig ginge. Das war nun eine große Trauer! Nur einmal im Jahr durfte man den Kunstvogel singen lassen und das war fast schon zu viel. Aber dann hielt der Spielmeister eine kleine Rede mit gewichtigen Worten und sagte, dass es ebenso gut sei wie früher, und dann war es ebenso gut wie früher.

Nun waren fünf Jahre vergangen und das Land bekam eine wirklich große Trauer. Die Chinesen hielten im Grunde alle auf ihren Kaiser und jetzt war er krank. Er könne nicht mehr leben, sagte man. Schon war ein neuer Kaiser gewählt und das Volk stand draußen auf der Straße und fragte den Kavalier, wie es dem alten Kaiser gehe. »P!«, sagte er und zuckte mit den Achseln.

Kalt und bleich lag der Kaiser in seinem großen prächtigen Bett. Der ganze Hof glaubte ihn tot und ein jeder lief hin, den neuen Kaiser zu begrüßen. Die Kammerdiener liefen hinaus, um darüber zu schwatzen, und die Kammermädchen hatten große Kaffeegesellschaft. Alle Säle und Gänge ringsumher waren mit Tuch belegt, damit man niemand gehen hören sollte, und deshalb war es überall so still, so still!

Aber der Kaiser war noch nicht tot. Steif und bleich lag er in dem prächtigen Bett mit den langen Samtgardinen und den schweren Goldquasten, hoch oben stand ein Fenster offen und der Mond schien herein auf den Kaiser und den Kunstvogel. Der arme Kaiser konnte kaum atmen, es war gerade, als ob etwas auf seiner Brust sitze. Er schlug die Augen auf und da sah er, dass es der Tod war, der auf seiner Brust saß und sich seine goldene Krone aufgesetzt hatte und in der einen Hand des Kaisers goldenen Säbel, in der anderen seine prächtige Fahne hielt. Und ringsumher aus den Falten der großen, samtenen Bettgardinen sahen wunderliche Köpfe hervor; einige ganz hässlich, andere ganz lieblich und mild. Das waren alle des Kaisers böse und gute Taten, welche ihn anblickten, jetzt da der Tod ihm auf dem Herzen saß.

»Entsinnst du dich dieses?«, flüsterte einer nach dem andern. »Erinnerst du dich dessen?« Und dann erzählten sie ihm so viel, dass ihm der Schweiß von der Stirn rann. »Das habe ich nie gewusst!«, sagte der Kaiser. »Musik! Musik! Die große chinesische Trommel«, rief er, »damit ich nicht alles zu hören brauche, was sie sagen!« Und sie fuhren fort und der Tod nickte wie ein Chinese zu allem, was gesagt wurde.

»Musik, Musik!«, schrie der Kaiser. »Du kleiner herrlicher Goldvogel! Singe doch, singe! Ich habe dir ja Gold und Kostbarkeiten gegeben, ich habe dir selbst meinen goldenen Pantoffel um den Hals gehängt. Singe doch, singe!« Doch der Vogel stand still, es war niemand da, ihn aufzuziehen, und sonst sang er nicht. Aber der Tod fuhr fort, den Kaiser mit seinen großen, leeren Augenhöhlen anzustarren, und es war so still, so schrecklich still!

Da klang auf einmal vom Fenster her der herrlichste Gesang. Es war die kleine, lebendige Nachtigall, welche auf einem Zweig draußen saß. Sie hatte von der Not des Kaisers gehört und war deshalb gekommen, ihm Trost und Hoffnung zu singen. Und als sie sang, wurden die Gespenster immer bleicher und bleicher, das Blut kam immer rascher und rascher in des Kaisers schwachen Gliedern in Bewegung und selbst der Tod horchte und sagte: »Fahre fort, kleine Nachtigall! Fahre fort!« – »Ja, willst du mir den prächtigen goldenen Säbel geben? Willst du mir die reiche Fahne geben? Willst du mir des Kaisers Krone geben?«

Und der Tod gab jedes Kleinod für den Gesang. Und die Nachtigall fuhr fort zu singen. Und sie sang von dem stillen Gottesacker, wo die weißen Rosen wachsen und wo der Flieder duftet und wo das frische Gras von den Tränen der Überlebenden befeuchtet wird. Da bekam der Tod Sehnsucht nach seinem Garten und schwebte wie ein kalter, weißer Nebel aus dem Fenster.

»Dank, Dank!«, sagte der Kaiser, »du himmlischer kleiner Vogel! Ich kenne dich wohl! Dich habe ich aus meinem Lande und Reiche gejagt! Und doch hast du die bösen Gesichter von meinem Bett weggesungen, den Tod von meinem Herzen weggeschafft! Wie kann ich es dir lohnen?« – »Du hast mich belohnt!«, sagte die Nachtigall. »Ich habe deinen Augen Tränen entlockt, als ich das erste Mal sang, das vergesse ich nie! Das sind die Juwelen, die ein Sängerherz erfreuen! Aber schlafe nun und werde frisch und stark! Ich werde dir vorsingen!« Und sie sang und der Kaiser fiel in einen süßen Schlummer. Ach, so mild und wohltuend war der Schlaf!

Die Sonne schien durch die Fenster zu ihm herein, als er gestärkt und gesund erwachte. Keiner von seinen Dienern war noch zurückgekehrt, denn sie glaubten, er sei tot; aber die Nachtigall saß noch und sang. »Immer musst du bei mir bleiben!«, sagte der Kaiser. »Du sollst nur singen, wenn du selbst es willst, und den Kunstvogel schlage ich in tausend Stücke.« – »Tue das nicht!«, sagte die Nachtigall. »Der hat ja das Gute getan, solange er konnte! Behalte ihn wie bisher! Ich kann im Schloss nicht mein Nest bauen und darin wohnen. Aber lass mich kommen, wenn ich selbst Lust habe. Da will ich des Abends auf dem Zweig dort beim Fenster sitzen und dir vorsingen, damit du froh werden kannst und gedankenvoll zugleich! Ich werde vom Bösen und Guten singen, was dir rings um dich her verborgen bleibt! Der kleine Singvogel fliegt weit herum zu dem armen Fischer, zu des Landmanns Dach, zu jedem, der weit von dir und deinem Hof entfernt ist! Ich liebe dein Herz mehr als deine Krone und doch hat die Krone einen Duft von etwas Heiligem um sich! Ich komme, ich singe dir vor! Aber eins musst du mir versprechen.« – »Alles!«, sagte der Kaiser und stand da in seiner kaiserlichen Tracht, die er selbst angelegt hatte, und drückte den Säbel, welcher schwer von Gold war, an sein Herz. »Um eins bitte ich dich! Erzähle niemandem, dass du einen kleinen Vogel hast, der dir alles sagt. Dann wird es noch besser gehen!« Und dann flog die Nachtigall fort.

Die Diener kamen herein, um nach ihrem toten Kaiser zu sehen. Ja, da standen sie und der Kaiser sagte: »Guten Morgen!«

Märchen von der Glocke

Auch die Glocken haben eine lange und geheimnisvolle Geschichte. Ursprünglich waren sie nicht aus Metall, sondern aus Holz oder Stein. Für besondere Ereignisse gab es bestimmte Glocken: die Sturmglocke, die Feuerglocke, das Totenglöcklein ... Noch heute »rufen« die Kirchenglocken die Menschen zusammen. Glöckchen, die um den Hals von Tieren gebunden werden, sorgen dafür, dass die Hirten verirrte Tiere auch bei Nacht und Nebel wiederfinden können.

Windglocken werden wie von Zauberhand zum Klingen gebracht. Wenn der Wind sachte bläst, entsteht die schönste Melodie, so schön, dass ... – aber das soll doch jeder von euch gleich selbst nachlesen!

Das Glöckchen

Ein Märchen aus Japan

In einem Städtchen am Meer lebte einst bei seinem Tempel ein alter Mönch. Er liebte es, auf der Veranda zu sitzen und aufs Meer hinauszuschauen. Um sich aber nicht so allein zu fühlen, hatte er am Dach über der Veranda ein silbernes Glöckchen angebracht. Es hing an einem breiten Streifen Papier, auf dem ein wunderschönes Gedicht geschrieben stand. Sobald der Wind nur ein kleines bisschen wehte – und am Meer weht er ständig –, bewegte sich das Papier und das silberne Glöckchen läutete gar lieblich. Der alte Mönch saß auf der Veranda, schaute aufs Meer, lauschte dem Läuten des silbernen Glöckchens und lächelte zufrieden.

In dem gleichen Städtchen lebte auch der Apotheker Mohej. Schon lange Zeit hatte er nichts als Pech. Alles misslang ihm und er war so traurig, dass er sich nicht mehr zu helfen wusste. In seiner Not machte er sich eines Tages auf den Weg zu dem Mönch, um seinen Rat zu erfragen. Als er aber den Alten so zufrieden auf seiner Veranda sitzen sah und das beruhigende Läuten des silbernen Glöckchens hörte, wusste er mit einem Schlage, dass das Glöckchen auch ihn froher machen würde, wenn er so dasitzen und ihm zuhören könnte. Er überlegte nicht lange und bat den Mönch, ihm das Glöckchen wenigstens für einen einzigen Tag zu überlassen. »Warum sollte ich es dir nicht leihen«, sagte der Mönch freundlich. »Doch vergiss nicht, es gleich morgen früh wiederzubringen, denn ohne das Glöckchen wäre ich sehr traurig.«

Mohej dankte ehrerbietig und versprach, am nächsten Tag wiederzukommen. Dann ging er nach Hause und hängte das Glöckchen über der Veranda auf. Es begann zu läuten und Mohej wurde es so leicht ums Herz und die Welt erschien ihm auf einmal so schön, dass er zu tanzen begann.

Am nächsten Tag war der Mönch schon vom Morgen an übel gelaunt. Immer wieder ging er vor den Tempel und schaute nach dem Apotheker aus. Aber Mohej kam und kam nicht. So verging eine Stunde, eine zweite und als der Apotheker zu Mittag noch immer nicht mit dem Glöckchen erschienen war, rief der Mönch seinen kleinen Schüler Taro und befahl ihm: »Lauf in die Stadt zu dem Apotheker Mohej. Er hat sich gestern mein silbernes Glöckchen geliehen und sollte es heute früh zurückbringen. Erinnere ihn daran und sage ihm, dass ich schon ungeduldig warte.«

Taro lief zu dem Apotheker. Aber kaum war er in dessen Garten getreten, blieb er stehen. Er hörte das fröhliche Läuten des Glöckchens und sah den Apotheker, der mit fliegenden Ärmeln und Schößen im Garten herumtanzte. Taro wusste nicht gleich, wie er ihn ansprechen sollte. Da wurde ihm auf einmal so fröhlich ums Herz, dass auch er zu tanzen begann.

Eine Stunde verging, eine zweite – der Apotheker war immer noch nicht erschienen und Taro kam auch nicht zurück. Der alte Mönch schüttelte den Kopf und weil er immer trauriger wurde, rief er seinen zweiten Schüler, Dschiro, und befahl ihm: »Lauf zu dem Apotheker Mohej und sage ihm, er möge mir mein silbernes Glöckchen zurückgeben. Und solltest du unterwegs Taro begegnen, so richte ihm aus, er solle sich schämen, seinem Lehrer so schlecht zu gehorchen.«

Dschiro lief, so schnell er nur konnte. Als er zum Haus des Apothekers kam, hörte er fröhliches Geläut und sah zu seiner Verwunderung den Apotheker und Taro im Garten tanzen. Und ehe er sich noch entscheiden konnte, ob er zuerst Taro für sein Versäumnis rügen oder den Apotheker an die Rückgabe des Glöckchens mahnen sollte, drehte auch er sich im Kreise und vergaß die Welt.

Wieder war eine Stunde vergangen und bald auch die zweite. Die Sonne neigte sich schon dem Horizont zu. Aber weder der Apotheker noch einer der beiden Schüler ließ sich blicken. Der alte Mönch konnte sich das nicht erklären. Er wurde so traurig wie nie zuvor. Schließlich hielt er es nicht mehr aus. Er zog seine Sandalen an und machte sich selbst auf den Weg zum Hause des Apothekers.

Noch ehe er in den Garten trat, hörte er das zarte Läuten seines geliebten Glöckchens und fröhliches Lachen. Und bald darauf sah er, wie sich der Apotheker und seine beiden Schüler an den Händen hielten. Sie tanzten nach links und dann wieder nach rechts und ein seliges Lächeln lag auf ihren Gesichtern.

Der Mönch schüttelte den Kopf und wusste nicht recht, wie er sich das erklären sollte. Aber er wunderte sich nicht lange. Auf einmal war alle Traurigkeit verflogen, die Füße begannen von allein zu hüpfen, der Mönch lächelte dem Apotheker zu, reichte die eine Hand Taro und die andere Dschiro und dann tanzten sie alle vier.

Wie das weiterging? Ja, wenn wir das wissen wollen, müssten wir jemanden in den Garten des Apothekers schicken. Nur weiß ich nicht, ob er auch zurückkäme. Denn wenn er den lieblichen Klang des Glöckchens hörte und die vier tanzen sähe, würde er alles vergessen und mittanzen. Und so müssten wir einen Zweiten schicken und dann einen Dritten, Vierten … Schließlich bliebe uns nichts anderes übrig, als selbst hinzugehen und auch wir würden zu tanzen beginnen. Na, und das geht natürlich nicht, dass alle Menschen nur tanzen und tanzen. – Oder?

Tingeltu und der Hirtenjunge

Ein Märchen aus Skandinavien

Alle diese kleinen unterirdischen Wesen, die man hierzulande Heinzel-
männchen, Gnome, Wichtel oder Zwerge nennt, gibt es auch in anderen
Ländern. Dort haben sie natürlich andere Namen, aber sie sind alle miteinander verwandt, denn sie haben die gleichen Eigenschaften: Sie sind
immer zu Schabernack aufgelegt und spielen besonders gerne denen
einen Streich, die nicht an sie glauben. Sie wohnen zwischen Baumwurzeln, in Erdspalten und an Orten, die niemand kennt.

Diese Geschichte handelt von solchen Wesen. Es waren drollige kleine und vergnügte Burschen. Nur wenn sie etwas verloren hatten, war es
aus mit ihrer guten Laune. Denn es war ihnen verboten, sich schlafen zu
legen, bevor sie den verlorenen Gegenstand nicht wiedergefunden hatten. Das war ein strenges Gesetz im Reich der Zwerge. Das Schlimmste,
was ihnen passieren konnte, war, dass ihnen ihr Schuh oder gar ihre
Zipfelmütze abhanden kamen. Und wenn sie einmal das kleine Silber-
glöckchen verloren, das jeder von ihnen an der Mütze trug, waren sie völlig verzweifelt.

Einer von ihnen besaß nun ein Glöckchen, das hatte einen wunder-
baren Klang – viel schöner als alle anderen. Der Wichtel nannte sein
Glöckchen »Tingeltu«. Wenn die Zwerge versammelt waren und alle
Glöckchen an ihren spitzen Mützen klingelten, war das Geklingel von
Tingeltu das lieblichste von allen.

Einmal hatten die Wichtel ein Fest am Waldrand. Sie tanzten ausge-
lassen um einen roten Fliegenpilz. Da kam, eh' sie's gedacht, die Morgendämmerung herauf und – husch, husch – verschwanden sie alle in ihren
Schlupfwinkeln. Es gibt nämlich nur vier Tage im Jahr, wo es den
Zwergen erlaubt ist, im hellen Tageslicht aus ihren Verstecken hervorzu-
kommen. Und auch dann dürfen sie niemals in ihrer eigenen Gestalt
erscheinen, sondern müssen sich in Vögel oder andere Tiere oder sogar
in Menschen verwandeln. Aber dies war ein ganz gewöhnlicher Tag und
so mussten sie eben verschwinden.

Auch der kleine Wichtel, von dem hier erzählt wird, rannte weg, so
schnell ihn seine Beinchen trugen. Dann legte er sich auf seinen Schlaf-

platz zwischen den dicken Baumwurzeln nieder. Dort drehte er sich unruhig von einer Seite auf die andere und fand keine Ruhe. Schließlich stand er auf, machte sich etwas Pilzsuppe warm und trank sie aus einer Eicheltasse. Aber auch davon wurde er nicht müde. Er war hellwach und betrachtete die anderen Wichtel, die da und dort tief und mit zufriedenen Gesichtern schliefen und dabei laut schnarchten. »Was ist denn bloß los mit mir?«, dachte er. »Das war doch noch nie! Komm, Tingeltu, spiel mir was vor!« Und er sagte den Vers, mit dem er sein Glöckchen immer aufforderte, Musik zu machen:

>»Liebes Glöckchen, Tingeltu,
> spiel mir auf, ich hör dir zu!
> Mach klingkling und spiel mir leise
> eine schöne süße Weise!«

Aber es blieb still, kein Klingkling war zu hören. Da wusste der Zwerg, was geschehen war: Er hatte sein Glöckchen Tingeltu verloren. Es musste ihm beim Tanz von der Mütze gefallen sein. Was für ein Unglück! Der Kleine jammerte, denn er wusste, dass er nun so lange keinen Schlaf mehr finden würde, bis er die Glocke wiedergefunden hatte. Auch liebte er Tingeltu so sehr, dass er glaubte, ohne sein liebliches Geläute überhaupt nicht weiterleben zu können. Schlaflos hockte er auf einer Baumwurzel.

Jetzt stand die Sonne schon am Himmel und ein Hirtenjunge kam über den Hügel mit seiner Herde. Am Waldrand hielt der Junge an, schaute hinauf in die Bäume und fing an, die Singvögel zu locken. Dann setzte er sich nieder und lehnte sich an einen Baumstamm. Seine Herde ließ er auf der grünen Wiese weiden, die sich am Waldrand entlang erstreckte. Als er um sich schaute, sah er in der Nähe einen prächtigen Fliegenpilz, der rot aus dem Gras hervorleuchtete. Der ganze Waldboden glitzerte von Tauperlen. Der Hirtenjunge strich mit der Hand darüber und freute sich an der morgenfrischen Kühle. Unter den Tausenden von Tautropfen funkelte einer heller als die anderen, ja, er glitzerte so stark, dass er die Augen blendete. Der Hirte streckte seine Hand danach aus, um ihn zu berühren, und sieh da: Es war kein Tropfen Tau! Er hielt zwischen seinen Fingern ein silbernes Glöckchen mit einer kleinen Schnur daran. Damit band er es fest an seiner Jacke. Wohin er nun ging,

bei jedem Schritt, bei jeder Bewegung hörte er das Glöckchen läuten und er war froh wie nie zuvor. Als er sich einige Zeit später in einem anderen Dorf eine neue Arbeit suchen musste, nahm er das Glöckchen mit sich und sein leises Geläute machte ihn fortan zu einem glücklichen Menschen.

Unterdessen konnte aber der kleine Zwerg keinen Schlaf mehr finden. Unruhig streifte er des Nachts umher. Immer wieder ging er zu dem Platz beim Fliegenpilz, wo sie gefeiert und getanzt hatten, aber sein Glöckchen Tingeltu fand er nicht wieder.

Endlich aber kam nun einer von den vier Tagen im Jahr, an denen die Zwerge bei Tageslicht auf der Erde erscheinen dürfen. Weil der Wichtel dachte, eine Elster oder eine Dohle hätte vielleicht sein Glöckchen gestohlen, verwandelte er sich in einen Vogel. Als Vogel suchte er nun in allen Nestern der Umgebung nach seinem Glöckchen Tingeltu. Er fragte die Vögel und alle anderen Tiere, die Hasen, die Eichhörnchen, die Insekten und sogar die Fische im Fluss. Aber niemand wusste etwas von Tingeltu. Als die Sonne unterging, musste der Kleine in seine unterirdische Welt zurück. Vor Kummer wurde er alt und müde.

Schließlich kam wieder einer von den Tagen, an denen er die Erde bei Tageslicht sehen durfte. Wieder verwandelte sich der Wichtel in einen Vogel, aber dieses Mal flog er in das nächste Dorf. Dort sah er auf der Weide eine Schafherde und den Hütejungen, der unter einem Baum saß. Alle Schafe hatten Glöckchen um den Hals, aber Tingeltu war nicht darunter – das hörte der Wichtel sofort. In seiner Vogelgestalt flatterte er zwischen den Tieren herum und fragte sie:

> »Ach, ihr Lämmchen und ihr Böckchen,
> ich verlor mein Silberglöckchen.
> Find drum Tag und Nacht kein Ruh,
> krieg nicht mal die Augen zu.
> Sagt mir: Wo ist Tingeltu?«

Aber die Schafe antworteten nur: »Bäh« und fraßen weiter. Der kleine Wichtel-Vogel war traurig und wollte fortfliegen, aber in diesem Augenblick schaute der Hirtenjunge zu ihm herüber und sagte: »Was für ein komischer Vogel, der nach einer Glocke sucht! Schau dir das einmal an, mein Vögelchen, hast du eine solche Glocke wie meine je gesehen?« Er zog Tingeltu aus seiner Tasche und die Luft füllte sich mit lieblichsten Klängen.

162

Da hatte der Wichtel einen schlauen Einfall. Blitzschnell flog er hinter ein Gebüsch und gleich darauf trat zwischen den Büschen eine sehr alte Frau hervor. »Guten Tag, lieber Junge«, sagte sie. Der Hirtenknabe wollte seinen Augen nicht trauen. Wo kam die alte Frau so plötzlich her? – Die Kinder, welche diese Geschichte lesen, wissen ja, dass der Wichtel sich auch in einen Menschen verwandeln konnte, aber der Hirtenjunge wusste das nicht. »Was hast du da für ein wunderschönes Glöckchen?«, staunte die Alte. »Ich möchte es wohl kaufen. Was willst du dafür haben?« – »Es ist nicht zu verkaufen, Mütterchen«, antwortete der Junge. »Seit ich diese Glocke besitze, bin ich glücklich. Um den Preis der ganzen Welt würde ich sie nicht hergeben.«

»Das ist ein gewaltig hoher Preis«, entgegnete die Alte. »Aber schau dir mal dieses Goldstück an, wie wär's denn damit?« – »Gold hat doch keinen Klang, es tönt nicht«, wehrte der Junge ab. »Aber mein Glöckchen klingt wunderbar und wohin ich auch gehe, macht es mir die Füße leicht und bringt mein Herz zum Singen. Nein, Mütterchen, die Glocke gebe ich nicht her.« – »Komm! Setz dich einmal zu mir«, sagte die alte Frau. »Ich will dir erzählen, wie man reich wird.« – »Ich möchte aber lieber glücklich bleiben«, sagte der Junge. »Doch wenn du es wünschest, dann setze ich mich gern zu dir.« Und er setzte sich neben sie ins Gras und lauschte.

Sie erzählte ihm viel von den unterirdischen Geistern und ihren Zauberkünsten. Wenn er, der Hirtenjunge, zum Beispiel solch einen weißen Stab besäße wie die Geister, sagte sie, dann könne er aus seinen wenigen Schafen eine riesige Herde machen und damit wäre er ein steinreicher Mann, reicher, als er sich das nur vorstellen könnte. Der Junge glaubte ihr, denn er ahnte wohl, dass sie zu den Zaubergeistern gehörte, und er wusste, dass diese nicht lügen. Dann erzählte sie ihm von der großen weiten Welt, von Ländern, Meeren, großen fremden Städten und von Diamantenschätzen, die aus den Tiefen der Bergwerke ans Tageslicht gefördert werden. »Das alles wirst du selbst sehen können«, sagte die Alte, »wenn du erst einmal durch deine großen Herden ein reicher Mann geworden bist, reicher, als du es dir je hast träumen lassen.«

Sie redete immer weiter und die Augen des Hirtenjungen wurden immer größer. Er fühlte sein Herz schlagen. »Ach«, seufzte er, »für solch einen weißen Zauberstab würde ich mein Glöckchen wohl doch hergeben, um so reich zu werden, wie ich's mir nie habe träumen lassen.« Und er sagte: »Ach, wenn ich ihn doch nur hätte.« Da griff die Alte in die Falten ihres Rocks und zog einen weißen Stab hervor. Der Junge nahm ihn und legte dafür das Glöckchen Tingeltu in ihre Hand.

Plötzlich kam ein Wind auf, der machte einen Wirbel, und – hui! – war die alte Frau verschwunden. Aber der Hirtenjunge meinte, eine Stimme zu hören, die dieses Verslein sagte:

> »Liebes Glöckchen, Tingeltu,
> spiel mir auf, ich hör dir zu!
> Mach klingkling und spiel mir leise
> eine schöne süße Weise!«

Dann vernahm der Hirtenjunge die Musik, die er mehr als alles in der Welt geliebt hatte. Er betrachtete traurig den weißen Stab, der ihn reich machen sollte. Schließlich brach er auf, doch schon nach wenigen Schritten wurde ihm klar, was er getan hatte. Mit einem Wehlaut warf er sich ins Gras und weinte bitterlich, weil er für einen weißen Stab seine Glückseligkeit verkauft hatte.

In seinem grünen Moosbett aber, zwischen den knorrigen Baumwurzeln, freute sich der Wichtel über das wiedergefundene Glöckchen Tingeltu und fiel zum ersten Mal wieder in einen wunderbaren Schlaf. Er lag da und hatte in glückliches Lächeln auf seinem Gesicht.

Märchen von den Tönen

Eine weite Reise durchs Land der Phantasie geht ihrem Ende zu. Märchen aus aller Welt haben von der Musik erzählt – von ihrem Zauber und ihrer Wirkung auf Menschen und Tiere, auf die ganze Natur, von Instrumenten und ihrer Geschichte.

Musik gehört den Armen und Reichen, den Kindern und Erwachsenen, den Musikalischen und den scheinbar Unmusikalischen, sie ist alt und neu. Und so kehren wir mit der letzten Geschichte in unsere Zeit zurück. Wie der Leser dieses Buches, so macht auch der Ton Dis eine weite Reise. Er schlüpft in das Lied der Grillen und Frösche, landet in einem Orchester, in der Kehle einer Sängerin. . . Hätte er nicht lieber zu Hause bleiben sollen?

Das Märchen vom Dis

Ein Märchen von Reiner Kunze

Eine Großmutter sang ihrer kleinen Enkelin das Abendlied. Der Ton Dis aber stahl sich davon. Auf einen Ton mehr oder weniger kommt's nicht an, dachte er und ging bummeln. Halb Seelenhauch, halb Kehlenhauch schwebte er durch die Luft, über sich die Sterne, unter sich die Lieder der Grillen, Katzen und Frösche. Er suchte sich das Lied einer Grille aus und ließ sich in ihm nieder. Doch die Grille verwechselte ihre Beine, als sie den Menschenton hörte in ihrem Gesang und schwieg. Da suchte er sich das Lied einer Katze aus und ließ sich in ihm nieder. Doch der Katze schlang sich ein Knoten in den Schwanz, als sie den Menschenton hörte in ihrem Gesang und sie schwieg. Da suchte er sich das Lied eines Frosches aus und ließ sich in ihm nieder. Doch der Frosch tauchte weg, als er den Menschenton hörte in seinem Gesang und beinahe wäre der Ton Dis ertrunken. Er wunderte sich über die Grille, die Katze und den Frosch.

Halb Seelenhauch, halb Kehlenhauch schwebte er in einen Saal, in dem ein Kapellmeister mit seinen Musikern probte, und gesellte sich zu einer lieblichen Flötenmelodie. Doch der Kapellmeister klopfte mit dem Taktstock aufs Pult und sagte: »Was ist das für ein Dis, es kommt von den Flöten und klingt nicht wie ein Flötenton!« Der Ton Dis hörte den Tadel und gesellte sich zu einer zärtlichen Oboenmelodie. Doch der Kapellmeister klopfte mit dem Taktstock aufs Pult und sagte: »Was ist das für ein Dis, es kommt von den Oboen und klingt nicht wie ein Oboenton!« Der Ton Dis hörte den Tadel und gesellte sich zu einer lustigen Klarinettenmelodie. »Himmeldonnerwetter«, rief der Kapellmeister, »was ist das für ein Dis, jetzt kommt es von den Klarinetten und klingt nicht wie ein Klarinettenton!« Dabei schlug er so sehr aufs Pult, dass es zu weinen begann und sagte: »Liebes Dis, geh fort, denn ich bekomme deinetwegen Schläge.« Der Ton Dis wunderte sich, dass das Pult seinetwegen Schläge bekam und war traurig.

Halb Seelenhauch, halb Kehlenhauch schwebte er in die Oper. Auf der Bühne sang eine Sängerin ein Lied, das so traurig war wie er und ihn ergriff eine große Sehnsucht, in diesem Lied zu sein. Kaum aber war er in ihm erklungen, begann das Publikum zu lachen, die Sängerin fiel in Ohnmacht, der Vorhang ging nieder und der Operndirektor kam auf die Bühne gelaufen und raufte sich die Haare. »Ein Dis, das überhaupt nicht hineingehört! Und wie von einer Großmutter gesungen! Alles ist verdorben!« Der Ton Dis war verzweifelt.

Halb Seelenhauch, halb Kehlenhauch schwebte er durch die Nacht und wusste nicht, wohin. Am Morgen hörte er ein kleines Mädchen ein Lied summen. Auf einmal hielt es inne, horchte in sich hinein und begann von vorn. Doch schien ihm in der Erinnerung ein Ton zu fehlen, denn es unterbrach sich von neuem. Da erkannte der Ton Dis das Abendlied, aus dem er sich davongestohlen hatte, und schwebte in die Erinnerung des Mädchens. Nun konnte es in sich das Abendlied hören, wie die Großmutter es gesungen hatte, und freute sich sehr darüber. Der Ton Dis aber war glücklich, denn er hatte den Platz wiedergefunden, an dem er gebraucht wurde und Freude bereitete. Er begriff: Auf jeden Ton kommt es an ... Und besonders in der Erinnerung eines Kindes.

Kleine Instrumentenkunde

Flöte

Die Flöte ist ein Blasinstrument mit einem röhrenförmigen Körper, in welchen Löcher gebohrt sind. Der von den Lippen des Bläsers geformte Luftstrom wird gegen eine Kante geführt und teilt sich dort. Die Luftsäule im Inneren der Flöte wird zum Schwingen gebracht und es erklingen Töne. Durch das Abdecken der Grifflöcher mit den Fingern werden höhere oder tiefere Töne erzeugt. Je nachdem, wie das Instrument gehalten wird, kann man Längs- oder Querflöten unterscheiden. Flöten bestehen z.B. aus Holz, Metall, Elfenbein, Ton, Bambus und sogar aus Knochen.

Geige

Die Geige – auch Violine genannt – ist ein Streichinstrument mit einem Holzkorpus und vier Saiten. Sie entstand aus der mittelalterlichen Fidel. Die Töne entstehen dadurch, dass man mit einem Bogen, der mit Rosshaaren bespannt ist, über die Saiten streicht. Durch das Abgreifen bzw. Verkürzen der Saiten auf dem Griffbrett ergeben sich verschiedene Tonhöhen.

Glocke / Schelle

Die meisten Glocken haben einen Klöppel, der beim Läuten von innen an die Form schlägt und den Ton erzeugt. Je kleiner die Glocke, umso heller ihr Klang; je größer die Glocke, umso tiefer ihr Klang. Glocken werden aus Metall, aber auch aus Glas, Holz, Stein und Porzellan hergestellt. Abgebildet ist hier auch eine Schelle – eine kleine hohle, geschlitzte Blechkugel, in der ein Metallkügelchen oder Steinchen eingeschlossen ist.

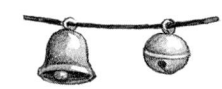

Harfe

Die Harfe ist eines der ältesten Musikinstrumente. Die Saiten laufen in spitzem Winkel vom Schallkörper zum Hals des Instruments; sie werden mit den Fingerkuppen angezupft und so in Schwingung versetzt. Die kürzeren Saiten erzeugen die höheren, die längeren Saiten die tieferen Töne. Harfen gibt es in sehr unterschiedlichen Größen: von der kleinen Handharfe bis zur großen Orchesterharfe.

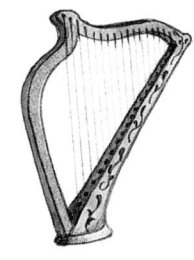

Laute

Auch die Laute ist ein sehr altes Saiteninstrument. Sie hat einen bauchigen Klangkörper und einen langen Hals, der nach hinten abgeknickt sein kann. Die Saiten werden angezupft. Durch das Abgreifen der Saiten auf dem Griffbrett entstehen höhere oder tiefere Töne.

Pfeife

Die Pfeife ist ein kleines Blasinstrument, das nur einen einzigen Ton hervorbringt. Er entsteht dadurch, dass im Inneren der Pfeife die Luft in Schwingungen versetzt wird.

Spieldose

Die Spieldose ist ein mechanisches Musikinstrument. Die Töne werden dadurch erzeugt, dass im Inneren der Dose Metallzungen mit Hilfe von Stiften angezupft werden. Die Stifte sind auf einer sich drehenden Walze befestigt.

Trommel

Die Trommel ist in sehr vielen Ländern der Welt zu finden und kann sehr unterschiedlich aussehen. Meistens besteht sie aus einem Korpus aus Holz oder Ton, über den ein Fell gespannt ist. Trommeln werden entweder mit den Händen angeschlagen oder mit Schlägeln gespielt. Das Fell wird dabei in Schwingung versetzt und erzeugt den Ton.

Zither

Die Zither ist ein flaches Saiteninstrument. Die Saiten sind in Melodie- und Begleitsaiten aufgeteilt und werden mit einem Metallring angerissen bzw. mit den Fingern angezupft. Die Gusli aus Russland ist eine Zither mit acht bis 32 Saiten. Auch das Hackbrett, das mit kleinen Hämmerchen angeschlagen wird, gehört zur Gruppe der Zithern.

Über die Herausgeberin und die Illustratorin

Dorothée Kreusch-Jacob ist Konzertpianistin, Musikpädagogin und Schriftstellerin. Nach ihrem Musikstudium gründete sie das »Münchner Klavierquartett«. Es folgten Konzerte im In- und Ausland, Rundfunk- und Tonaufnahmen sowie Uraufführungen neuer Werke. Ihre musikpädagogische Arbeit mit Kindern und Erwachsenen umfasst Spielprojekte, Seminare und Fortbildungen. Themenschwerpunkte sind: Kinder begegnen Kunst und Künstlern, musikalische Kreativität, Ausdrucksschulung, multimediales Spiel, Musiktheater, Lyrik, Improvisation, Atem und Stimme, Stille- und Meditationsübungen, Bewegung und Entspannung, musikalische Phantasiereisen, neue Kinderlieder.

Seit 1975 ist sie als Schriftstellerin tätig. Es entstanden journalistische Arbeiten für Rundfunk und Fachzeitschriften und musikpädagogische Veröffentlichungen für Eltern, Kinder, Pädagogen und Therapeuten. Das Werk umfasst musikalische Sachbücher, Liedanthologien, Liedkompositionen und Tonträger. Einige Veröffentlichungen von Dorothée Kreusch-Jacob wurden ausgezeichnet mit dem »Preis der Deutschen Schallplattenkritik«, dem Medienpreis des Verbandes deutscher Musikschulen »Leopold – Gute Musik für Kinder«, dem Titel »Buch des Monats« oder sie kamen auf die Auswahlliste »Deutscher Kinder- und Jugendliteraturpreis«.

Renate Seelig stammt aus Bielefeld und ist Illustratorin. Nach ihrem Studium an der Kunstakademie in Kassel und Hamburg (Textilentwurf) illustrierte sie als freie Mitarbeiterin für Frankfurter Werbeagenturen. 1974 erschien ihr erstes Bilderbuch. Es folgten zahlreiche Bilder- und Kinderbücher, die u. a. in den Verlagen Ravensburger, Ellermann und Schott Musik International erschienen. Heute lebt Renate Seelig in Frankfurt.

Weitere Titel von und mit Dorothée Kreusch-Jacob

Tonträger

Besonderer Hinweis: Zum vorliegenden Märchenbuch erschien im Patmos Verlag der gleichnamige Tonträger mit einer Auswahl von Musikmärchen, erzählt von Hans Clarin: *Glöckchen, Trommel, Zaubergeige. Musikmärchen aus aller Welt* (= »pläne« im Patmos Verlag, Düsseldorf), MC, CD

Finger spielen – Hände tanzen (= »pläne« im Patmos Verlag, Düsseldorf), MC, CD

Heut Nacht steigt der Mond übers Dach. Kinder- und Abendlieder (= Deutsche Grammophon Junior, Hamburg), MC, CD

Kids! Songs, Raps und coole Töne (= »pläne« im Patmos Verlag, Düsseldorf), MC mit Liederheft, CD

Lieder von der Natur (= »pläne« im Patmos Verlag, Düsseldorf), MC, CD

Das Liedmobil. Spiel- und Spaßlieder (= Deutsche Grammophon Junior, Hamburg), MC, CD

Das Liedmobil. Wach- und Traumlieder (= Deutsche Grammophon Junior, Hamburg), MC, CD

LiederRegenbogen (= »pläne« im Patmos Verlag, Düsseldorf), MC mit Liederheft, CD

Rosen, Tulpen, Kieselstein (= »pläne« im Patmos Verlag, Düsseldorf), MC

Tanzlieder (= »pläne« im Patmos Verlag, Düsseldorf), MC, CD

• Zum Thema »Stille«

Lieder aus der Stille (= »pläne« im Patmos Verlag, Düsseldorf), MC mit Liederheft, CD

Mandala-Musik. Horchen, Schauen, Malen für Klein und Groß mit Musik (Hermann Bauer-Verlag, Freiburg), MC, CD

Sieben kleine Siebenschläfer. Zauberlieder und Traumgeschichten zum Einschlafen (= »pläne« im Patmos Verlag, Düsseldorf), MC, CD

Stille Klänge – leise Reisen (= »pläne« im Patmos Verlag, Düsseldorf), MC mit Liederheft, CD

Das Wolkenboot (= »pläne« im Patmos Verlag, Düsseldorf), MC mit Liederheft, CD

• Kinder lernen Komponisten kennen

Johann Sebastian Bach: *Von Tastenrittern und Klavierhusaren oder: Wer hat Angst vor der Fuge? Musikalisches Hörspiel* (= »Wir entdecken Komponisten«, Deutsche Grammophon, Hamburg), MC, CD

Ludwig van Beethoven: *Wut über den verlorenen Groschen oder: Warum die Hühner ihre Eier verlegen. Musikalisches Hörspiel* (= »Wir entdecken Komponisten«, Deutsche Grammophon, Hamburg), MC, CD

Wolfgang Amadeus Mozart: *Glockenspiel und Zauberflöte oder: Warum die Mohren tanzen mussten. Musikalisches Hörspiel* (= »Wir entdecken Komponisten«, Deutsche Grammophon, Hamburg), MC, CD

Klassik-Hits für Kids (= Deutsche Grammophon, Hamburg, in Zusammenarbeit mit dem Kösel-Verlag, München), CD

Bibliografie (Auswahl)

Das Musikbuch für Kinder. Mit Kindern singen, spielen, musizieren, Mainz: Schott Musik International 2001

Finger spielen – Hände tanzen. Das große Buch der Kinderreime und Fingerspiele, München: Don Bosco Medien 1997

Heut Nacht steigt der Mond übers Dach. Geschichten, Gedichte und Lieder vor dem Schlafengehen, München: Verlag Heinrich Ellermann, 3. Aufl. 1988

Ich schenk dir einen Regenbogen, (Liedgesamtausgabe) Düsseldorf: Patmos Verlag 1993

Mit Liedern in die Stille. Meditieren und Gestalten mit Kindern, Düsseldorf: Patmos Verlag, 4. Aufl. 1998

Musik macht klug. Kinder entdecken die Welt der Musik, München: Kösel-Verlag 1999

Musikerziehung. Grundlagen, Inhalte, Methoden, München: Don Bosco Medien, 4. Aufl. 1999

Weihnachtsnüsse ess ich gern. Geschichten, Gedichte und Lieder zur Winters- und Weihnachtszeit, München/Basel/Kassel: dtv/Bärenreiter-Verlag, 11. Aufl. 1999 (= dtv junior)

Quellenverzeichnis

Die Entstehung der Welt (Japan),
S. 12: neu erzählt von Dorothée
Kreusch-Jacob, © Schott Musik
International, Mainz; *Das Finkenlied
im Rabennest* (Sibirien), S. 13: aus
333 Märchenminuten, neu erzählt von
Käthe Recheis und Friedl Hofbauer,
© Verlag Herder, Freiburg, 5. Auflage
1987; *Das singende Meerweibchen*
(Niederlande), S. 17: aus der Reihe
Märchen der Weltliteratur bei Diederichs
im Heinrich Hugendubel Verlag,
Kreuzlingen/München; *Das
verlorene Lied* (Manfred Kyber), S. 25:
© Klett-Verlag, Leipzig.

Die Himmelstrommel (China),
S. 47: aus *Die Himmelstrommel*,
© Verlag Neues Leben, Berlin 1988.

Der Flötenbaum (Lakotaindianer),
S. 58: neu erzählt von Dorothée
Kreusch-Jacob, © Schott Musik
International, Mainz; *Der Querpfeifen-
spieler* (Frankreich), S. 63: aus der Reihe
Märchen der Weltliteratur bei Diederichs
im Heinrich Hugendubel Verlag, Kreuz-
lingen/München; *Der Prinz mit der Flöte*
(Robert Michel, Slowakei), S. 70: mit
freundlicher Genehmigung von Robert
H. Michel, Montreal; *Von einem, der
flöten ging* (Ludwig Bechstein), S. 74:
Originaltitel: *Die drei Musikanten*; *Die
Flöte, die alle zum Tanzen brachte*
(Spanien), S. 91: aus der Reihe *Märchen
der Weltliteratur* bei Diederichs im
Heinrich Hugendubel Verlag,
Kreuzlingen/München.

Von der Zarin, die Gusli spielte (Russland),
S. 102: aus: Alexander Afanasjew:
Russische Volksmärchen, © 1985 Patmos
Verlag GmbH & Co. KG, Artemis &
Winkler Verlag, Düsseldorf und Zürich;
Die geschenkte Harfe (Wales), S. 108:
Originaltitel: *Wie Morgen eine Harfe
geschenkt bekam, bei deren Spiel jeder-
mann tanzen musste*, mit Genehmigung
von Carl Ueberreuter Verlag GmbH,
Wien.

Der Josa mit der Zauberfiedel (Janosch),
S. 114: © Janosch film & medien AG,
Hamburg.

*Die Trillerpfeife, die Prinzessin und die
Goldäpfel* (Frankreich), S. 135: aus der
Reihe *Märchen der Weltliteratur* bei
Diederichs im Heinrich Hugendubel
Verlag, Kreuzlingen/München.

Tingeltu und der Hirtenjunge
(Skandinavien), S. 159: Originaltitel: *Das
Glöckchen Tingeltu und der Hirtenjunge,*
aus *Das Märchenschloss*, © Verlag
Heinrich Ellermann, Hamburg.

Das Märchen vom Dis (Reiner Kunze),
S. 166: aus Reiner Kunze: *Der Löwe
Leopold*, © S. Fischer Verlag GmbH,
Frankfurt a. Main 1970.

Dorothée Kreusch-Jacob

Das Musikbuch für Kinder

Mit Kindern singen, spielen, musizieren

Eine Schatztruhe voll Musik für alle,
die Kindern auf spielerische Weise einen Zugang
zur Musik verschaffen wollen

Neu

- Spielideen
- Lieder
- Bewegungsvorschläge
- Bastelideen
- für Kinder von 2 bis ca. 9 Jahren
- Illustrationen von Doris Rübel

Musik für und mit Kindern darf nicht eine Frage der Begabung sein, denn jedes Kind ist musikalisch. Dieses Buch will Kleinen und Großen zeigen, wie sie „spielend" mit Musik Freundschaft schließen können und wie Musik erlebbar gemacht werden kann. Das Kind lernt, indem es spielt. Mit allen Sinnen nimmt es Musik wahr, ist ganz Ohr, ganz Auge ... Hier kann ein Erfahrungsschatz wachsen und gefördert werden – sei es, um später ein Instrument zu lernen oder auch „nur", um Musik ein Leben lang zu lieben. Ein ausführliches Kapitel gibt Antwort auf die oft gestellte Frage: „Welches Instrument ist das richtige für mein Kind?"

11., überarbeitete und erweiterte Ausgabe
in neuer Rechtschreibung
Best.-Nr. ED 9324 (ISBN 3-7957-2206-3)
117 Seiten, vierfarbig – broschiert